A Passagem

Ricky Medeiros

A Passagem

MADRAS®

Editor:
Wagner Veneziani Costa

Produção e Capa:
Equipe Técnica Madras

Revisão:
Silvia Massimini Felix
Jerônimo Feitosa
Renata Brabo

Dados Internacionais de Catalogação na Publicação (CIP)
(Câmara Brasileira do Livro, SP, Brasil)

Medeiros, Ricky
A passagem/Ricky Medeiros. – São Paulo: Madras, 2012.

ISBN 978-85-370-0805-8

1. Evolução – Aspectos religiosos – Espiritismo
2. Espiritismo – Filosofia 3. Morte (Espiritismo)
4. Reencarnação 5. Vida após morte 6. Vida futura
I. Título.

12-10173 CDD-133.9013

Índices para catálogo sistemático:
1. Vida depois da morte: Espiritismo:
Filosofia 133.9013

MADRAS EDITORA LTDA.
Rua Paulo Gonçalves, 88 — Santana
CEP: 02403-020 — São Paulo/SP
Caixa Postal: 12183 — CEP: 02013-970
Tel.: (11) 2281-5555 — Fax: (11) 2959-3090
www.madras.com.br

Índice

Dedicatória

A dedicatória de um livro é muito importante para o escritor. Este é meu primeiro livro e pensei muito nas pessoas a quem eu o dedicaria.

Na introdução vocês irão conhecer a história de meu irmão, Joseph Robert Medeiros, que não está mais nas vibrações da Terra. Hoje mora em altas esferas espirituais, mas sem ele este livro não teria sido escrito. Por isso o dedico a ele.

Pelos caminhos da vida devo reconhecer que há também outras pessoas sem as quais este livro não teria sido escrito e publicado.

À minha esposa Sonia, que perdeu muitos fins de semana enquanto eu escrevia, aguenta minhas "neuras" e minha insegurança. Ela trouxe para mim Fernanda e Juliana. Se Joe é uma luz espiritual, as três são luzes terrestres.

À minha mãe Louise, à minha irmã Cara e ao meu outro irmão, Billy, que me acompanham nesta viagem terrestre; e ao meu pai, que agora me acompanha no outro mundo.

Este livro não tem a pretensão de ser uma obra-prima, mas tem, desde o primeiro dia, a intenção de esclarecer, ajudar e iluminar todos nós nessa jornada da alma que chamamos "vida".

Ele é dedicado a todas as almas que estão juntas nesta aventura na Terra.

Introdução

Eu não sou adivinho, vidente ou profeta. Nenhum arbusto flamejante cresce em meu jardim. Contudo, sei que este livro me foi inspirado, escrito com a ajuda daqueles que vivem onde nós costumamos chamar de "o outro lado".

Não sou eu quem afirma isso. Cinco médiuns (ou "sensitivos", como está muito na moda chamá-los hoje em dia) é que disseram.

Os cinco não se conheciam, nunca se encontraram e cada um deles tinha uma forma própria de fazer suas revelações. Mas todos foram unânimes em me dizer o que eu soube e senti desde o momento em que comecei a escrever este livro: alguém estava me guiando, e eu sabia quem era!

Quando eu tinha mais ou menos 20 anos de idade, meu irmão caçula morreu atropelado por um carro.

Alguns anos antes, quando eu estava na adolescência, comecei a me interessar pela vida além da morte. Enquanto os garotos de minha idade só pensavam em jogar futebol ou namorar, eu estava lendo Lobsang Rampa, Hans Holzer e Allan Kardec.

Por isso, quando meu irmão passou para o outro lado, pareceu-me a coisa mais natural do mundo procurar um centro espírita, para tentar descobrir se tudo que eu tinha lido era verdade. Fui ao Centro Espírita de Syracuse, uma cidade no interior de Nova Iorque, nos Estados Unidos.

A médium dessa igreja era uma mulher chamada Margaret Tice. Ela foi provavelmente a médium mais honesta e dotada que encontrei em minha vida. Sem nunca ter me visto, e desconhecendo qualquer fato relacionado a mim, ela me disse:

– Um menino de uns 12 anos de idade... recém-desencarnado... eu o vejo atropelado por um carro... Ele diz que é seu irmão, e seu nome é Joseph...

A partir desse dia, durante vários meses, frequentei o Centro da médium Margaret quase todas as quartas-feiras. Minha mãe, que a princípio não acreditava nessas coisas, ia comigo.

Uma noite, a médium Margaret pediu para minha mãe procurar um amigo de meu irmão Joe, "o garoto de longos cabelos louros". Ela disse que meu irmão tinha contado para esse amigo o sonho que havia tido poucas semanas antes do acidente. A médium disse que Joe queria que minha mãe procurasse esse menino e lhe perguntasse a respeito do sonho.

Joe tinha apenas um amigo de cabelos louros e compridos. Era Kevin. Assim que nós voltamos da igreja naquela noite, minha mãe telefonou para ele e pediu para vir em casa no dia seguinte.

Ele foi, e mamãe lhe perguntou o que ele sabia a respeito do sonho de Joe.

O garoto ficou perplexo. Por alguns segundos, ele simplesmente não conseguia dizer uma palavra.

Silenciosamente, Kevin sentou-se em uma das cadeiras de nossa sala de estar. Depois de certo tempo, finalmente ele respondeu. Disse que Joe lhe contara o sonho que tivera dois meses antes do acidente.

– Disse que tinha tido um pesadelo. Ele sonhou que tinha sido atropelado e morto por um caminhão. Acordou às 4h, suando frio e assustado.

O menino de "longos cabelos loiros" começou então a chorar. Quando se acalmou, continuou:

– Quando Joe me contou esse sonho, disse que achava que iria morrer muito em breve... E ele morreu!

Em uma outra quarta-feira, durante uma sessão, a médium Margaret disse à minha mãe que Joe iria se apresentar a ela e que não ficaria mais nenhuma sombra de dúvida a respeito da existência de sua alma, de seu espírito (ou como quer que chamemos essa parte que sobrevive ao corpo após esta breve passagem pela Terra).

– Exatamente como acontece com todos nós – a médium acrescentou.

E duas semanas depois, de fato, ele se fez conhecer. E, como a médium havia dito, com sua aparição ele não deixou mais nenhuma dúvida a respeito de sua existência.

Estava frio e nevava muito naquela sexta-feira de janeiro, quando minha mãe se preparava para dormir. Como já era seu hábito, ela deixava todas as noites uma pequena vela acesa para Joe. A chama da vela brilhava na escuridão da noite. Meu pai roncava fortemente do outro lado da cama; minha irmã tinha ido dormir na casa de uma amiga, assim como meu outro irmão. Eu, estudante do segundo ano da Universidade de Syracuse, cheguei mais ou menos à meia-noite em casa e encontrei todo mundo dormindo.

Quase às 6h, um zumbido forte e constante acordou minha mãe. A vela que às 23h30 estava quase se extinguindo, agora iluminava totalmente o quarto.

Morávamos em um sobrado em que os quartos ficavam no andar de cima. Minha mãe acordou com o barulho de passos subindo as escadas. Depois de alguns segundos, ela ouviu de novo o barulho de passos descendo as escadas. Foi tão nítido, que ela percebeu inclusive a diferença do som dos passos na madeira dos degraus da escada e no carpete do andar de baixo.

Minha mãe se levantou e foi dar uma olhada para ver se havia alguém lá embaixo. Meu pai continuava roncando e eu dormia profundamente em meu quarto.

Ela chegou à sala de estar e subitamente sentiu uma "força" puxando-a para o andar de cima, onde ficava também o quarto de Joe. Desde sua morte, alguns meses atrás, ela nunca mais entrara lá.

No topo da escada havia um pequeno cubículo. Como Joe tinha apenas 12 anos de idade, era natural que ele estivesse na cama lá pelas 21h30, mas raramente isso acontecia. Normalmente, ele ficava no pequeno cubículo, que havia se tornado seu esconderijo, e era lá que ficava lendo revistas em quadrinhos, ouvindo rádio e falando pelo rádio amador com seu amigo Kevin. Claro, Joseph não era um santo (a propósito, ele ainda não é!).

Minha mãe finalmente decidiu abrir a porta do quarto de Joe e um lápis preto caiu do batente da pequena porta. Ela olhou para cima e viu escritas na parede estas palavras:

EU AMO MINHA MÃE, EU AMO MEU PAI.
NÃO FIQUEM TRISTES E NÃO CHOREM POR MIM. JOE

Ela ficou desesperada. Meu pai ouviu-a gritar e correu para ver o que tinha acontecido. Ele também viu o que estava escrito ali.

– Não pode ser! Eu estive neste quarto alguns dias atrás e não havia nada escrito na parede! – disse ele.

Quando finalmente acordei, fui até o quarto. Eu também tinha estado ali alguns dias antes e posso afirmar que não havia nada escrito naquela parede.

Aquela foi uma das primeiras mensagens de Joe. Este livro, que não teria sido escrito sem sua ajuda, é outra.

Uma noite, poucos meses depois desse acontecimento, a médium Margaret sorriu e nos disse que ela finalmente havia entendido.

– Entendido o quê? – perguntei.

– A primeira vez que vocês vieram ao nosso Centro, há quase um ano, fiquei confusa e surpresa. Sempre pensei que um espírito que passa para o outro lado precisasse de muito mais tempo do que Joe teve para se manifestar e se comunicar com nosso mundo. Com ele não foi assim. Agora posso perceber que ele é um espírito evoluído. Ele está no plano superior e voltou para esta esfera para viver apenas 12 anos. Ele veio para realizar uma missão e essa missão terminou. Que missão é essa, eu não sei, mas sei que ele partiu porque seu tempo nesta esfera tinha acabado.

Agora, mais de 25 anos depois, estou morando em São Paulo, Brasil. Por causa da morte de Joe e de tudo que aconteceu depois, tenho me interessado e estudado a continuidade da vida após a morte, a comunicação com os espíritos.

Certa vez, uma sensitiva me perguntou se eu estava escrevendo um livro. Respondi que sim, e acrescentei que era apenas um *hobby*. A sensitiva respondeu-me que eu estava enganado, que não era um *hobby* e que um espírito estava me guiando nessa tarefa. Eu não perguntei que espírito era esse que estava me guiando.

Poucas semanas depois, uma outra sensitiva me disse:

– Vejo que você está escrevendo alguma coisa, e há uma luz muito forte guiando suas mãos quando você escreve.

Dessa vez, perguntei quem era esse guia. Ela não sabia. Questionou-me, perguntando se eu tinha algum irmão desencarnado. Ela disse que esse espírito estava me iluminando e que mesmo sua passagem para a outra vida fazia parte de um plano divino.

Hoje sei que, embora não tenha sido Joe o espírito que me inspirou e escreveu este livro, ele ajudou no processo despertando meu interesse pela espiritualidade, oferecendo várias provas da sobrevivência, aproximando de mim pessoas que contribuíram para que eu descobrisse a verdade.

Senti vontade de escrever, e daí nasceu este livro. Talvez esse seja o plano divino.

Se eu vejo meu guia enquanto escrevo? Eu gostaria.

Se eu ouço enquanto escrevo? Somente um tênue e fraco sussurro.

Se eu sinto sua presença? Sim, eu sinto.

Muitos anos atrás, quando voltei a Syracuse, em Nova Iorque, tomei conhecimento de que Joe enviara várias mensagens pela médium Margaret Tice, e algumas falavam sobre nossa passagem para o outro mundo.

Este livro é uma mensagem muito simples, mas verdadeira. Uma mensagem de fé, de esperança, de vida, de amor e de redenção.

Meu Nome é Bob

William Shakespeare uma vez escreveu:

"O que é um nome? O que nós chamamos de rosa, com um outro nome teria o mesmo perfume."

Portanto, se você quiser, pode me chamar de Bob. Quem eu sou não é muito difícil de explicar. Na esfera de seu mundo, algumas vezes sou chamado de "luz". Quando pessoas reencarnadas na Terra fazem aquilo que nós aqui chamamos de "uma rápida visita de volta" (ou seja, quando ficam entre a vida e a morte), algumas afirmam ter encontrado uma luz. E sabe de uma coisa? É a descrição certa!

A luz que reconforta, orienta, purifica e protege. É a luz que espera cada um que regressa da Terra, quando é ultrapassado o outro lado do portão, lado esse que nós chamamos de morte. (Que desagradável! Como Shakespeare disse, o que é um nome?)

Bem, eu sou isso... A luz! E eu não sou o único, há inúmeros outros. Todos nós temos a mesma missão, e isso é muito complicado...

Nós não somos simplesmente um enxame de místicos vagalumes dizendo:

– Ei, venham, acompanhem-nos em direção à salvação e à redenção.

Ao contrário: estamos aqui para escolher, ensinar e explicar.

Essa é nossa missão neste estágio de nossa evolução. E temos essa missão, não apenas para ajudar, mas para aprender com aqueles que ajudamos, como você!

Resumindo, minha tarefa é tanto ensinar quanto aprender. Minha tarefa tanto é mostrar o caminho quanto achar o caminho. Minha tarefa é guiar e pedir para ser guiado.

Este livro faz parte também dessa tarefa, e, se você estiver disposto, nós iremos ver o que o espera quando você estiver no limiar da esfera terrestre pronto para atravessar o portão que o levará para a outra vida.

Mas essa não é a única razão pela qual estou escrevendo este livro. (Não, não tenho nenhuma ambição de estar na lista dos dez mais vendidos.)

Quero mostrar a vocês a verdade que se esconde neste outro lado do portão e ao mesmo tempo ajudá-los a compreender o que é a vida no lado em que estão agora, porque é nesse lado que reinam o desespero, o sofrimento e a desilusão.

A esfera terrestre. É nessa esfera que você se encontra agora e há uma razão para isso: você está na Terra para aprender, crescer e descobrir a divindade brilhante que existe em cada alma humana; você está no lugar onde eu estive muitas vezes, muitos anos atrás, para superar e tirar proveito da dor, do sofrimento, das mágoas, tristezas e amarguras que as densas vibrações da Terra oferecem. A Terra existe porque é uma escola, e vocês são os alunos. Você está literalmente na Terra para aprender com seus erros e com seus triunfos.

Eu vivi na Terra muitas vezes. Minha última encarnação foi alguns anos atrás. Na verdade, não importa quando, o que importa é o que foi minha vida, porque não existe nenhuma vida irrelevante.

Ninguém tem uma vida inexpressiva, nós estamos todos conectados uns aos outros, repartimos a mesma luz; nós somos uma parte do mesmo criador – essa é uma lição que muitos habitantes do plano terrestre ainda não aprenderam.

Minha última encarnação na Terra foi nos Estados Unidos da América, no estado do Kansas.

Vivi em uma fazenda. Depois que meus pais morreram, fiquei sozinho. Eu não tinha irmãos nem irmãs. Vivi uma vida muito solitária, mas essa escolha foi feita por mim mesmo, muito antes de nascer. Foi uma existência na qual eu tive a chance de observar e entender as verdades que a Terra pode oferecer: o ciclo da vida, o curso natural dos acontecimentos e o relacionamento de todos os seres vivos.

Longe de qualquer cidade, de qualquer povoado, eu vivia em alguns poucos acres de terra, onde desfrutava da companhia das plantações que eu cultivava e dos animais que criava.

Fisicamente, eu tinha mais ou menos 1,80 metro de altura, era um pouco gordo e, quando desencarnei, tinha uma vasta cabeleira ondulada, embora já bem grisalha.

Trabalhava na lavoura e ganhava o suficiente para pagar as poucas contas que eu tinha; alimentava-me com o que plantava e também com as trocas que fazia com os vizinhos. Estava com 75 anos de idade quando atravessei o portão e passei para este lado.

Quando cheguei em casa, com a ajuda da "luz", eu vi os objetivos que eu mesmo escolhera antes de encarnar. E agora, de volta, eu via o que realmente tinha feito. Na Terra, algumas religiões chamam isso de "o julgamento final". Só que não é Deus quem nos julga. Nós julgamos nós mesmos.

Fiz um inventário de minha encarnação no Kansas, e, enquanto eu fazia isso, pude ver até o fundo de minha alma. Orientado carinhosamente por meus espíritos mentores, pude captar todas as vidas que eu tinha vivido até então. Como no cinema, as cenas de todas essas vidas foram passando diante de mim, e vi claramente os triunfos, as tristezas, as forças e fraquezas que fazem parte de mim.

Estou aqui por algum tempo. E, ao contrário de um mito muito popular na Terra, não fiquei sentado em uma nuvem branca e fofa, ouvindo os anjos cantarem. Recebo os espíritos da Terra quando eles chegam aqui pela primeira vez, e, depois de um tempo, ajudo-os a viajar pelos caminhos de escolhas e decisões sem fim.

Agora vou contar algumas histórias sobre espíritos que encontrei. Por intermédio de suas jornadas você pode encontrar alguns novos significados para sua própria vida. Sei que a vida na Terra pode parecer fútil e sem esperanças, porque quando estamos encarnados nos esquecemos de onde viemos, para onde vamos e parte do que somos.

Todos os espíritos precisam encontrar um jeito próprio e sua própria hora, para descobrir o caminho que os liberte das futilidades e das desesperanças da vida.

A escola da vida não é uma escola fácil. Seus corredores estão impregnados de vibrações negativas que a humanidade criou ao longo dos tempos e que desafiam nossas fraquezas. Suas trilhas são pontuadas de muitas tentações, invejas, privações, tristezas, ódios, rancores, desgostos, sofrimentos, cujos resultados colhemos e nos empurram para a necessidade de modificar nossas atitudes para melhor, se quisermos viver bem e encontrar a paz.

Somente quando deixamos esses sentimentos negativos para trás, a divina luz que floresce na alma de todo ser humano se manifesta e nos sentimos unidos ao criador.

Bem, se eu tivesse de dizer a vocês que realizei tudo isso, que minha alma está em perfeita harmonia com Deus e o Universo, eu estaria mentindo.

Ainda estou muito longe de me tornar um espírito elevado. Há muitos mistérios para eu desvendar e muitas qualidades que preciso ainda conquistar, muito embora, neste momento, eu já tenha conquistado um nível de sabedoria que me permite ajudar pessoas, e é isso o que desejo fazer. Ajudando você, estarei ajudando a mim mesmo.

Nós precisamos ajudar um ao outro, porque não pode haver perfeição e harmonia na criação de Deus se todos nós não fizermos parte de um todo. A luz divina de nossas almas precisa crescer como uma só luz. Não poderá haver harmonia se uma simples alma humana for deixada de lado.

O que antes foi um só não poderá vir a ser um conjunto novamente se uma simples peça estiver faltando.

Portanto, eu me sento no portão e recebo os novos viajantes que chegam. Meu espírito necessita de empatia e compaixão, e esse é o motivo por que estou aqui. Existe uma forma melhor de desenvolver essas qualidades do que ajudando aqueles que estão perdidos, confusos e perturbados?

Antes de começarmos juntos nossa jornada, há algumas coisas que você precisa saber.

Primeiro e o mais importante: o fato de eu estar morto não faz de mim um santo. E também não tenho todas as respostas. Vamos dizer que eu esteja mais iluminado do que você está neste momento porque estou olhando de um ângulo diferente. Sou apenas uma alma humana, como você. Só isso.

Segundo: eu não sou muito bom em datas, sabe? Essas coisas de dias, meses e anos. Esse tipo de coisa é um pouco diferente aqui. Quero dizer, o que o ano de 1865 tem a ver com a eternidade?

Terceiro: conforme você vai passando por estas páginas, deixe de lado suas crenças e julgamentos terrestres. Procure ver através dessas crenças apenas a verdade. Algumas noções do que é verdadeiro podem ser encontradas na maior parte das religiões, nos folclores e tradições do mundo. Deus colocou a verdade assim: homem, contrassenso. Esse contrassenso nada mais é do que a tentativa do homem de lidar com coisas que ele não compreende.

Perdi um bom tempo matutando sobre aquilo que deveria escrever e como eu queria que fosse dito. Você vai encontrar quatro espíritos diferentes aqui, e por meio da jornada de suas vidas espero que você compreenda alguma coisa sobre sua própria vida. Escolhi contar as histórias de pessoas comuns na esperança de que você possa se identificar com elas.

Sempre me diverti com algumas pessoas que afirmam acreditar na reencarnação. Todas elas são unânimes em afirmar que em uma vida anterior elas foram reis, rainhas ou pertenciam à corte de Cleópatra, rainha do Egito. (Algumas vezes fico a imaginar quem eram os cavalariços, os escravos, já que todo mundo pertencia à nobreza.) Em nossas histórias, você vai encontrar o rico e o pobre, o poderoso e o humilde. Espíritos exatamente como você.

Algumas vezes, entre as histórias que vou narrar, falarei com você diretamente. É uma tentativa de tornar este livro – usando um termo que está muito em moda agora na Terra – interativo.

Exatamente porque essa interatividade na verdade não pode acontecer (a propósito, grande parte dessas bobagens que eles tentam lhe enfiar garganta abaixo não é interatividade), eu usarei as conversas que tive com um jovem espírito que encontrei alguns anos atrás e estão gravadas em minha memória.

Esse espírito agora se encontra em uma nova esfera, mas, quando o encontrei, ele tinha muitas perguntas. Algumas podem ser muito parecidas com as suas. O nome desse espírito era Maryanne. Eu esclareci muitas dúvidas dela e ela, em troca, preencheu um grande vazio em minha alma. Você irá encontrá-la brevemente.

Mas vamos em frente. Aqui, a esperança é de que o difícil se torne simples, o misterioso se torne claro e o confuso, o óbvio.

Que Deus o abençoe, agora que você está iniciando essa nova jornada.

Borunda Ni

O que sobrou da tribo africana iorubá vive agora no país que chamamos de Nigéria. Os iorubás são um povo antigo, místico, e hoje muitos de seus descendentes vivem em alguns lugares da América do Sul e do Caribe.

Arrancados de suas choupanas em suas aldeias e jogados como gado amontoado nos conveses de navios malcheirosos, eles chegaram ao Novo Mundo como escravos. Despojados de seu passado e sem nenhuma esperança no futuro, literalmente trouxeram com eles a roupa no corpo e sua religião no coração.

Passaram-se séculos, mas sua crença no sobrenatural sobreviveu. Hoje sua religião é chamada de santeria, a religião dos santos. No Brasil, na América Central e no Caribe, onde quer que os iorubás sintam as chicotadas da escravidão, a santeria e todas as suas variações são ainda praticadas.

Os iorubás acreditam no poder de sete divindades, cada divindade governando um aspecto diferente da vida de uma pessoa. Eles depositam grande fé no poder do mundo espiritual, e, por meio de um ritual elaborado e colorido, chamam os espíritos para intervir na vida terrestre.

Borunda Ni é dessa tribo e é o mais alto sacerdote da religião iorubá. Ele habita um remoto povoado encravado em um canto da moderna África de hoje. A rotina diária desse povoado mudou muito pouco desde que seus antepassados foram raptados de suas casas e jogados no Novo Mundo.

Borunda Ni não conheceu eletricidade, água encanada, televisão ou jornais em sua isolada casa tribal.

Ele, contudo, conheceu as outras esferas: a da Terra e a do espírito. Alguns podem achá-lo selvagem e outros podem ir à televisão pedir contribuições para salvar sua alma ignorante. Sua história mostrará como as almas são realmente salvas.

Borunda Ni voltou ao mundo astral em 1970. Eu esperava por ele, para ser sua luz e saudá-lo quando ele cruzasse a linha entre os dois mundos.

Como é meu costume, antes que um espírito fizesse a rápida – e quase sempre imperceptível – passagem da esfera terrestre para esta, eu tentava conhecer suas vidas.

Dava uma olhada em sua folha corrida do mesmo modo que um professor analisa o boletim escolar de um aluno. (Você pode chamar esse fichário da vida do jeito que quiser: Arquivo Akásico, onde fica registrado minuciosamente tudo que acontece no dia a dia, ou O Livro da Vida; são a mesma coisa.)

Você se recorda das histórias que falam dos anjos da guarda? Em todas as religiões encontramos alguma coisa sobre isso: que existe um grande livro em que o anjo anota todas as suas boas ações em tinta dourada e as ações não tão boas em letras pretas. Essa folha corrida é mais ou menos isso. Exceto que eu tenho diante de meus olhos todas as vidas que a alma viveu, desde os primórdios dos tempos.

(E, a propósito, os anjos da guarda existem mesmo. Mas esqueça as asas brancas batendo. Desculpe, esqueça também as harpas.)

Mas, como estava dizendo, dei uma olhada na folha de Borunda e vi que suas horas na Terra estavam chegando ao fim lentamente e sem sofrimento. Eu queria estar pronto quando seu tempo chegasse, porque ele não chegaria nem um minuto antes nem um minuto depois. Ninguém chega.

Sua morte foi sem dor. Ele simplesmente morreu de velhice, sua alma abandonou um corpo exausto e gasto. Sua esposa, os filhos e netos estavam todos ao seu redor na cabana, fazendo-lhe companhia quando ele se desligou da vida na Terra para entrar na vida espiritual. Sua morte foi tranquila, sem esforço e bonita.

Eu também estava lá. Algumas vezes, para facilitar a passagem do espírito para este lado, criamos um cenário que a pessoa espera encontrar. Com Borunda, essa transição seria fácil, porque suas crenças estavam muito perto da verdade.

Quando sua hora chegou, ele despertou de um sono profundo e encontrou a si mesmo na choça de um povoado, exatamente igual à que ele tinha deixado alguns segundos atrás. Piscou os olhos e se encontrou fixando o teto de sapê da cabana. Depois de alguns instantes, olhou em torno de si.

Tudo parecia estar exatamente como era de esperar: a lança, as máscaras, os arcos, as peles. Todas as suas coisas conhecidas estavam em seus lugares.

Simplesmente entrei. Quando quero, posso aparecer de forma bem dramática, mas naquele caso não havia necessidade de espetáculo. Fui até onde ele estava e me ajoelhei a seu lado.

– Olá, Borunda, seja bem-vindo de volta – eu disse.

Ele virou de lado e apoiou a cabeça na mão. Olhando para mim, disse:

– Não o conheço, e você vem dizendo bem-vindo de volta? Aqui é minha casa! Eu estou nela. Quem é você?

– Borunda, venha comigo. Vamos dar uma olhada ali fora.

Eu apontei com a mão a entrada da choupana, de onde poderíamos ver o centro da aldeia.

– Por favor, vamos.

Borunda, o homem magro e alto, levantou-se e caminhou até a entrada da choupana. Nessa caminhada, ele foi observando cada detalhe da choupana e percebeu que alguma coisa estava fora do lugar nesse seu mundo familiar. Eu gostaria de ajudá-lo a abrir as portas, mas ele teria de fornecer as chaves.

Borunda olhou para o meio da aldeia seca e empoeirada. Ele viu diante do imenso céu azul e branco um garotinho nu, correndo e rindo à frente de sua mãe, que descia por uma estradinha de terra.

O menino brincava com alegria, tentando agarrar as borboletas coloridas que voavam rápidas por todos os lados.

Borunda sorriu e disse:

– Então é isso, não é? Esta é minha aldeiazinha em um dia quente de verão há muitos e muitos anos, e aquela mulher é minha mãe.

Ele olhou para o céu, para as montanhas e as árvores. Ouviu o canto dos passarinhos vibrante e claro na mais perfeita harmonia e os ruídos da floresta, como jamais havia ouvido antes.

Borunda virou-se para mim e seus olhos encontraram os meus. Com a voz baixa, quase em um sussurro, ele formulou a pergunta. Era uma pergunta cuja resposta ele já sabia:

– Se aquele menino sou eu e essa é minha pequena aldeia, então quem sou eu realmente? Onde nós estamos agora? Voltei para o lugar onde os espíritos vivem? Se for isso, onde é meu lugar? Para onde vou?

– Bem-vindo de volta – repeti. – Sim, você veio para o lugar onde os espíritos vivem, o lugar onde a jornada de nossa vida começa e termina. Esta é sua casa verdadeira, o lugar onde você se conscientiza da verdade.

Ele entendeu. Na vibração da Terra, os iorubás têm conhecimento dos espíritos e sabem sobre o poder deles. Eles não sabem tudo, mas sabem o necessário e têm alguma ideia de reencarnação.

Borunda Ni praticava a crença dos iorubás, e, em razão disso, seu progresso aqui seria mais fácil e rápido. Ele sabia que tinha deixado para trás, na Terra, seu corpo físico, seus filhos, filhas, netos e esposa. Com ele, agora, estavam sua mãe, que havia "voltado para casa" quando Borunda ainda era apenas um adolescente; seu pai, que deixou a Terra lutando contra um ataque da tribo vizinha; e um filho que tinha morrido de febre amarela.

Borunda abraçou-os e uma suave aura branca desprendeu-se deles e o envolveu. Eram energias reconfortantes de boas-vindas ao lar.

– Você veio a este lugar para descansar, meu filho – sua mãe disse, abraçando-o com sua luz. Ele a viu do jeito que se lembrava dela, exceto que ela agora estava mais jovem e não estava maltratada pela idade, pelas doenças ou pela vida.

Seu filho, que havia morrido com 3 anos de idade e embora já fosse adulto, ele o viu como um garotinho, exatamente do jeito que se lembrava dele.

Ver os espíritos em sua forma humana torna mais fácil esses encontros. No decorrer do tempo, nós os vemos não como um reflexo da antiga vida terrestre, mas como realmente são.

Pouco depois, quando as lágrimas da reunião tinham acabado, Borunda virou-se para mim e perguntou:

– Todos eles aqui eu conheço. Mas quem é você, é meu guia?

A religião iorubá diz que todos nós temos um guia espírito, que nos ajuda e nos protege ao longo da vida. Guias, anjos da guarda, protetores... é surpreendente o número de verdades que as religiões terrestres e até o folclore têm em comum.

– Não, não sou seu guia. Você irá encontrá-lo mais tarde – eu disse. – Minha tarefa é ajudá-lo a deixar o passado para trás, mostrar-lhe o presente e prepará-lo para o futuro.

Ele aprovou com a cabeça. Sua jornada seria muito fácil. Tinha ouvido sobre a estrada e ainda na Terra vislumbrara muito rapidamente seu destino.

Agora, no entanto, era hora de repousar.

Maryanne

A cidade de Los Angeles, na Califórnia, é como uma fotografia em preto e branco. Do aspecto esbranquiçado de seus edifícios de idade indefinível ao asfalto negro das ruas e estradas, Los Angeles é uma cidade sem características, sabor ou personalidade.

Fui levado até lá por causa de Maryanne. Eu estava com ela em uma manhã quente e abafada no bairro pobre da cidade. Ela era uma menina negra com 15 anos de idade. Quando a vi pela primeira vez, ela estava usando as cores verde e vermelho de uma gangue de rua de seu bairro.

Naquele dia haveria uma guerra em uma esquina qualquer da cidade em preto e branco. Como na maioria das guerras, a luta seria para definir as fronteiras, o império e o poder. O episódio daquela manhã poria em confronto as cores verde e vermelho de Maryanne contra as cores azul e branco de uma outra gangue.

O prêmio: controlar uma rua e a honra de poder vender os venenos para as pessoas injetarem em seu corpo, fumarem ou cheirarem. Maryanne estava do lado errado na guerra daquele dia.

A bala de um revólver de 50 dólares, comprado em um barzinho do bairro, dilacerou seus pulmões. Ela se afogou no próprio sangue.

Eu estava lá quando a bala atingiu seu alvo, pondo um fim à sua curta vida neste planeta. Mas ela nem tomou conhecimento de minha presença. No caso dela, não havia uma luz no fim do longo túnel. Sua morte foi por demais violenta, rápida e inesperada. A bala com a velocidade da luz, que cortou uma vida de 15 anos, não deu a ela tempo de se preparar. Não houve um aviso-prévio. O espírito simplesmente ignorou a morte de seu corpo.

Embora seu corpo estivesse morto, o espírito de Maryanne continuava vivendo sua vida na Terra, sem saber que ela havia passado para uma outra esfera e entrado em uma vibração diferente. Ela ficou frustrada e cheia de raiva porque sua mãe ignorava sua existência, não a via ou conversava com ela; seus irmãos e irmãs faziam o mesmo; e os amigos de seu bando falavam dela no passado.

A Maryanne terrestre não existia mais, e a Maryanne espírito ainda não sabia que seu corpo estava morto e ela continuava viva.

Vagando pelo asfalto negro daquela cidade em preto e branco, Maryanne desesperadamente procurava uma reconexão com sua vida terrestre. Todos os dias ela corria loucamente de sua casa até a rua e os becos familiares. Depois voltava para casa e corria outra vez até o quarteirão de seu bando. Ela conhecia a rotina da vizinhança, as árvores, as casas e os edifícios abandonados, que formam o centro de Los Angeles vazio e decadente.

Ela conhecia as pessoas e ficava observando como elas viviam suas vidas no dia a dia. Sua mãe rezando por uma filha morta, seus irmãos e irmãs indo e voltando da escola, seus amigos bebendo, dopando-se e festejando. Nada tinha mudado, exceto que ela não fazia mais parte daquilo tudo.

Eu estava com ela nessa jornada que parecia um pingue-pongue de louco. Indo de um lado para o outro, sem descansar um só minuto, sempre procurando, nunca achando, sem descanso, sem alívio.

Ela não podia me ver. Seu espírito estava ainda preso à vibração da Terra. Em vão e desesperadamente, desejando ser parte daquilo que tinha ficado para trás, ela não tinha nem mesmo começado a questionar onde estava e por quê.

Não havia nada que eu pudesse fazer, exceto estar com ela enquanto ela perambulava pela cidade em preto e branco, mandando vibrações de amparo e despertamento.

Clara

Uma vida comum em uma pequena cidade chamada Jessup, no estado da Pensilvânia. Uma vida que muitos chamariam de medíocre e outros de sem razão de ser. Clara Paolucci acordava invariavelmente às 7h, de segunda a sexta-feira, para pegar o ônibus das 8h, que a levaria para seu trabalho que começava às 8h30, no prédio sujo e cinzento de uma fábrica de roupas.

Ela dava duro em uma máquina de costura, cosendo roupas até as 16h, quando terminava seu horário. Ela então pegava carona com uma de suas colegas de trabalho ou pegava o mesmo ônibus de volta para casa.

Salvo algumas pequenas exceções, essa foi sua vida durante mais de 25 anos, desde que seu marido morrera nas minas de carvão da Pensilvânia. Ela era jovem quando ele desencarnou, mas jamais voltou a casar. Clara tinha uma filha e quatro netos que moravam em um outro estado.

Sendo assim, ela se levantava às 7h, voltava para casa pouco depois das 16h, jantava, via televisão e ia dormir após assistir ao noticiário das 23h. No dia seguinte, ela se levantava de novo às 7h, pronta para enfrentar mais um dia comum de sua vida igualmente comum, naquela cidadezinha da Pensilvânia.

Mas ela também, como todos nós, era um espírito, e portanto sua vida não podia ser considerada insignificante, ainda que desse essa impressão.

Quando Clara estava com 62 anos de idade, ela pegou o ônibus das 8h, mas naquele dia ela não desceu diante do prédio sujo e cinzento da fábrica de roupas. Clara desceu em frente ao edifício da Pensilvânia Social, retirou sua aposentadoria e foi embora.

Com o que recebia da previdência e com a poupança que tinha no banco, Clara Paolucci levava uma confortável vida de aposentada.

Seu mundo se resumia à sua sala de estar. Irmãos, irmãs, amigos e netos iam até lá parta visitá-la, e, quando eles iam embora, ela se deitava em seu sofá, pensando no vazio de sua vida.

Clara não era uma mulher instruída. Mal havia terminado o nono ano, mas, como era muito introspectiva, passava várias noites no sofá de sua sala de estar, questionando os porquês da vida: por que fora, poderia ter sido, seria dali para a frente, e assim por diante.

Ela tinha comprado uma televisão colorida da nova marca Motorola Quasar. Em 1969, era considerada uma das melhores. De seu sofá, em sua sala de estar, ela viu o homem descendo na Lua, garotos americanos morrendo em uma guerra em um lugar chamado Vietnã e desordeiros queimando a bandeira de seu país. Ali, em sua cidadezinha de Jessup, na Pensilvânia, ela estava isolada de toda essa loucura. Sua sala de estar havia se tornado seu mundo.

Na época em que o escândalo de Watergate foi denunciado na TV, ela descobriu um caroço embaixo de seu braço direito. O médico de sua cidade enviou-a para um especialista em Scranton, que lhe disse que ela estava com linfossarcoma.

O médico estava otimista, porque eles haviam diagnosticado a doença em sua fase inicial.

– Acho que posso manter isso sob controle – disse ele.

Explicou que linfossarcoma era um câncer que se espalhava lentamente e que com medicação, exames de sangue mensais e checapes periódicos, ela poderia viver uma vida normal por muitos anos.

E, de fato, ela viveu mais oito anos! Clara, durante esse período, vivia dizendo aos seus amigos como ela era grata a Deus e ao presidente Kennedy, que tanto tinha ajudado os aposentados.

Deitada em seu sofá, na sala de estar de seu mundo, Clara olhava para os anos que tinha passado neste planeta. Ela pensava em sua vida, em sua morte que se aproximava e também naqueles que tinham morrido antes dela.

Ela não era mórbida, triste ou melodramática, mas, quanto mais pensava, mais sua vida lhe parecia vazia. As peças não se encaixavam, o modelo não se completava.

Diante da luz artificial de sua TV, Clara viajava no tempo. Ela pensava em sua infância como filha de imigrantes italianos. Sua mãe teve nove filhos, um exagero. Na verdade, ela nunca tivera infância. Começou a trabalhar com 8 anos de idade e se casou aos 14, com um homem 21 anos mais velho que ela.

Em seu quarto, quando o sono não vinha durante a madrugada, ela se perguntava:

– Afinal de contas, o que tinha sido minha vida?

Pensava em seu falecido marido. Ele foi um homem bom, decente e honesto. Mas ela nunca o amou. Agora, muitos anos depois, ela percebeu que havia casado com ele simplesmente para sair da casa de sua mãe.

Quando seu marido ainda estava vivo, ela conheceu Frank, o único homem que amou de verdade. Mas ela estava casada e com uma filha, e em sua pequena cidade da Pensilvânia, no meio do período de Depressão, um divórcio ou mesmo um simples caso amoroso era simplesmente inconcebível.

Então seu marido faleceu, vítima do pó de carvão das minas onde trabalhava. Clara ficou viúva aos 40 anos. Sua única filha estava casada naquela época e já lhe tinha dado um neto.

Ela estava então, livre para começar uma nova vida com Frank. Ele queria casar com ela.

Mas isso não aconteceu. Os parentes dele se colocaram no caminho. Ele tinha dinheiro. Os parentes não. As sobrinhas e sobrinhos não queriam perder o tio rico e o lugar no testamento dele.

Assim, Clara o perdeu e continuou vivendo sua vidinha solitária.

Todas as noites, durante seus últimos oito anos, ela pensava nos "nuncas" de sua vida. À medida que o câncer propagava seu veneno, ela ia ficando cada vez mais resignada, não só com sua vida, mas também com sua morte. Praticamente no final, quando já estava dando seu último suspiro, Clara ainda se perguntava por que sua vida tinha sido assim tão vazia.

Durante a crise dos reféns iranianos, Clara fez sua última viagem de Jessup a Scranton. E dessa vez não foi no costumeiro ônibus. Sua filha levou-a de carro pelo mesmo caminho que o ônibus percorreu durante tantos anos, passando pelo prédio sujo e cinzento da fábrica de roupas onde Clara havia trabalhado, para deixá-la internada no hospital Mercy de Scranton.

Naquele mesmo dia, poucas horas depois de ter dado entrada no hospital, Clara passou para o outro lado. Sua filha, seu genro e netos estavam com ela no momento em que ela cruzou a linha invisível.

Eu, claro, estava do lado de cá... esperando por ela.

Porém, não fui o primeiro a encontrar Clara. No momento em que seu corpo sucumbiu ao câncer, seu marido, uma irmã, um irmão e sua mãe estavam em pé, reunidos ao lado de seu leito no hospital, esperando que ela deixasse o corpo. Mesmo antes do desligamento, enquanto ela estava entre a Terra e o plano espiritual, Clara os reconheceu e soube de imediato que sua hora havia chegado.

Mas, para ela, o cumprimento mais importante foi o de seu neto Joe. Ele tinha sido atropelado por um carro poucos anos antes. E agora o garoto de 12 anos de idade estava ali em pé, ao lado do leito de hospital de sua avó, aguardando-a para guiá-la de um mundo para outro.

– Oi, nona – disse ele, abraçando-a. – Eu estava esperando você chegar.

A luz do menino era clara e branca, pertencendo às mais altas vibrações desta esfera. Sua luz confortou Clara. Mas Clara estava confusa. Somente alguns minutos antes, ela estava morrendo no leito de um hospital, e agora estava sendo abraçada por seu neto, cuja morte ela pranteou dolorosamente anos atrás.

Clara definitivamente não sabia como lidar com tal situação: neto, mãe, marido, irmã, irmão. Todos ali reunidos no quarto branco de hospital. Ela viu a enfermeira fechando os olhos de seu corpo e sua filha começando a rezar.

– O que vocês todos estão fazendo aqui? Joe, onde você esteve? Olhe, é sua mãe que está ali, veja! Louisa, Louisa, olhe, ele voltou! Ele voltou para casa! Eles cometeram um engano. Joe, diga para sua mãe que você está de volta.

Clara chorou. Seu neto tinha voltado da morte. Tinha havido algum engano e agora todo mundo estava feliz outra vez.

O jovem espírito sorriu para ela e sua luz inundou o quarto.

– Nona, ouça... Veja quem mais está aqui. Não sou só eu. Somos todos nós.

Enquanto ele falava, em volta dela se juntaram seu marido, irmã, irmãos e mãe.

– Clara – disse seu marido –, o menino... não foi ele que voltou para casa... é você quem está voltando...

Clara olhou em volta e viu que ela não estava mais no quarto do hospital. Ela estava em casa, de volta à sua pequena sala de estar, sentada em seu sofá com seu neto e seu marido. Sua irmã e seu irmão estavam em pé de um lado do sofá e sua mãe do outro.

Clara viu todos eles. A sala era a mesma que ela havia deixado poucas horas antes. As cortinas brancas, as paredes bege, o sofá e as poltronas cinza, as fotos de seus netos, incluindo as de Joe, sobre seu aparador colorido e o cinzeiro de Atlantic City em sua mesinha de centro dourada. Tudo estava exatamente no mesmo lugar. Exceto as visitas. Todos eles tinham morrido anos atrás, mas ali estavam eles em sua sala.

Seu neto disse:

– Nós viemos para ajudar você... Nós sempre estivemos ao seu lado... De onde você está, vovó, é só um passo até aqui... Quando cheguei neste lugar, eu também estava muito confuso. Aquele carro bateu em mim tão rápido que eu me desencarnei em um segundo. Eu não sabia onde me encontrava... Você não me via e chorava tão desesperadamente porque eu tinha morrido. Morrido? Eu estava a seu lado, mas você não conseguia me ver. Vovó, você morreu e veio parar aqui. Mas aqui é lá.

A mãe de Clara, que estava assistindo, entrou na conversa, falando errado, porque era assim, exatamente, que Clara esperava ouvi-la falar.

– Ô, Clara, ocê tá mais viva do que nunca. Péra procê vê, fia.

Eu estava prestando atenção em tudo e achei que tinha chegado o momento de me intrometer. Até ali, tinha ficado afastado do grupo, em um canto, onde podia ouvir tudo, mas não podia ser visto.

– Eles estão com razão, Clara. Em breve você vai descobrir isso sozinha. Dê uma olhada em volta, olhe para eles. Eles parecem mortos para você? A propósito, Clara, como você está se sentindo? A dor foi embora, a respiração está mais fácil... Você não está se sentindo um pouco mais leve?

Ela ficou surpresa ao me ver, um rosto estranho no meio de sua família.

– Quem é você, um médico?

– Bem... de certa forma, sim.

Achei que aquela não era a hora ainda de dar uma explicação mais longa. Por que aumentar a confusão dela?

– Meu nome é Bob – acrescentei.

Clara encarou a mim e aos outros. Por um momento eu podia dizer por sua aura que ela não estava fugindo de si mesma. Ela estava somente tentando compreender essa nova situação. Sua aura mostrava que ela estava se ajustando, e até com certa felicidade.

Conduzi Clara para fora de sua sala. Em breve o sol estaria brilhando na esfera terrestre e eu achei melhor ir para um outro lugar por alguns momentos. Seus amigos e parentes encarnados logo estariam chegando para dar as condolências à sua filha e eu queria tirar Clara daquele lugar. Claro que ela estaria livre para gravitar de volta para lá se quisesse, mas eu pensei que seria melhor dar o fora naquele momento.

Clara e eu subimos uma pequena clareira de gramas verdes e macias e de frondosas árvores ao redor. Um dia lindo e ameno de verão veio ao nosso encontro e uma luz silenciosa e tranquila encheu a pequena pradaria onde nos encontrávamos.

– É lindo aqui, não é, Clara?

Sei que não fui muito original, mas eu só queria qu silêncio.

– Então é isso. Eu morri. É aqui que eu vou ficar? Eu fui boa ou fui má? Isto aqui é o céu ou o inferno?

Bem, essa pergunta não era nova ou original também. Na verdade, essa é a primeira pergunta que todos fazem quando chegam aqui. Todos querem saber se ganharam ou perderam o jogo.

Bem, lá vou eu fazer meu discurso, pensei.

– Antes de tudo, Clara, você não está morta. Pode usar essa palavra se quiser. As pessoas na Terra estão habituadas com ela, portanto por enquanto vamos usá-la. Seu corpo estava doente e deixou de funcionar. Ele morreu, mas você continua viva.

Assim que me sentei na grama, eu a convidei a fazer o mesmo. Então olhei para o céu e continuei falando.

– Você esteve na Terra por quase 70 anos, mas, desde que você morreu, nunca esteve tão viva quanto agora. Neste momento, o importante é acreditar. Mais tarde você entenderá.

Eu vi sua aura, cujo brilho revela as emoções do espírito. Imaginei que ela estivesse aceitando tudo isso. Não havia nenhum sinal de revolta ou resistência.

– Clara, ouça... você não está no céu nem no inferno. A propósito, o céu e o inferno são apenas palavras, e não existem em um lugar determinado. São palavras que as pessoas usam. Esse céu e essa coisa de inferno têm causado muita confusão ao longo dos anos. Sei que você não é de frequentar igrejas, mas não se preocupe, porque isso não faz diferença. Por falar nisso, você se recorda do que Cristo disse quando estava na Terra? Ele disse que "há muitas moradas na casa de meu pai". Bem, aqui é uma dessas moradas.

Clara perguntou se eu era Deus e como eu sabia que ela não era de frequentar muito a igreja.

Eu ri. Não saberia dizer se ela estava falando sério ou simplesmente tirando sarro de minha cara.

– Não, não sou Deus, mas todos nós somos parte dele: você, eu e todas as almas que você vai encontrar. Isso serve para aqueles que ainda estão na Terra e também para aqueles que você conhecerá de outros planos dispersos dentro do Universo. Não há um inferno eterno. Deus não condenaria algo que é parte de si mesmo a uma pena perpétua sem remissão. O inferno é a consciência daquilo que está faltando; faz você desejar toda a beleza e a harmonia que estão à sua volta, ainda que você não tenha como fazer parte delas.

Ela respondeu:

– Sei o que você quer dizer. Senti falta de um bocado de coisas em minha vida na Terra. Vivi sozinha e triste. Era esse tipo de vida que estava reservado para mim?

Só existe uma maneira de responder a uma pergunta como essa: com a verdade.

– Sim – respondi –, tudo que acontece tem uma razão de ser. Há coisas que precisam ser assim e outras que não, mas no final tudo se encaixa, tudo faz sentido. Muito em breve você vai perceber isso.

Clara olhou para mim e pude ver uma pequena lágrima em seu rosto.

– Senti falta de tantas coisas, como senti! Sempre desejei saber o porquê de tudo, a razão de minha vida e o que ela realmente significava.

Durante sua vida na Terra, Clara nunca foi uma mulher ávida por dinheiro ou sexo. Ela não era movida pela ambição do poder ou da fama. Ela queria amor, mas nunca teve. Essa foi a lição de sua vida. Mais tarde, nós voltaremos a falar sobre ela.

Conversas com Maryanne

Cada pessoa se adapta ao mundo dos espíritos de um modo diverso, porque somos diferentes. Tão logo deixamos nossos corpos e passamos para o outro lado, nossas experiências, expectativas e esperanças nos acompanham, porque são parte de nosso espírito.

Eu me lembro, e isso já faz um bom tempo, quando apareceu um daqueles pregadores que costumam vociferar sobre os males do inferno. Durante anos, ele percorreu as estradas empoeiradas de remotas províncias, nos mais isolados vilarejos e povoados canadenses, mostrando sua visão de Deus, da moralidade e da vida após a morte.

Ele era um homem bom, que realmente acreditava no que pregava. Era também um dos poucos que colocava em prática o que ensinava. Ele costumava dizer a seus fiéis:

– Na outra vida, Jesus estará lá para nos receber, sentado em um trono ao lado de Deus Todo-Poderoso, com a espada da justiça na mão.

Quando esse pregador chegou aqui pela primeira vez, o que foi que ele encontrou? Um Jesus louro, de olhos azuis, sentado ao lado de um severo Deus de cabelos brancos, que julgava todos. Com o passar do tempo, já mais preparado, ele lentamente descobriu uma vida espiritual muito mais rica do que ele havia imaginado.

A chegada de Maryanne aqui foi diferente. Primeiro: a morte dela foi violenta e repentina. A vida foi bruscamente arrancada de seu corpo por uma arma comprada em algum bar. Segundo: Maryanne nunca pensou muito em sua vida na Terra nem na vida após a morte.

Por isso, chegou confusa e irritada com as vibrações ainda ligadas na Terra. Seu espírito estava aqui, mas, ao mesmo tempo, prendia-se ao dia a dia de sua antiga vida. Alguns chamam isso de purgatório. E, de certo modo, é verdade. A alma está na ilusão, não progride, não está consciente para começar uma vida nova no astral.

Eu estava ao lado dela durante esse tempo. Porém, ela não podia me ver ou ouvir. Como eu disse, suas vibrações ainda não estavam em sintonia; ela ainda estava ligada à esfera terrena.

O tempo foi passando. Mas não como na Terra. Portanto, não posso dizer se foi muito ou pouco tempo, se foram algumas semanas, meses ou anos. Aqui o tempo é como o som de um metrônomo, aquele aparelho usado pelos músicos que dita o ritmo que eles devem seguir. É constante e não muda. Se você pudesse fazer uma gravação, o metrônomo iria soar da mesma maneira se tocado para a frente ou para trás. Tic, tic, tic... o som constante do metrônomo, o incessante e imutável som do tempo.

Mas, um dia, Maryanne conseguiu sentir minha presença. Então eu apareci. Não como uma luz branca, brilhante e ofuscante, mas como alguém que ela encontraria em qualquer esquina de seu antigo bairro. Eu tinha mais ou menos 1,80 metro de altura, 45 anos e era negro. Eu estava usando uma camiseta e jeans rasgados. Fisicamente, eu não era nada diferente dos outros milhares de negros que viviam nos bairros pobres de Los Angeles.

Estava encostado em uma caixa de correio, quando ela virou a esquina e literalmente deu um tropeção em mim.

– Ei, olhe para onde você anda! Para que a pressa? Você não vai para lugar nenhum!

Ela não sabia se me xingava, se continuava a andar ou se ficava ali para tentar entender quem eu era. Afinal de contas, eu era a primeira pessoa que falava com ela desde que havia desencarnado. Ficou ali parada, tentando me entender.

Olhou-me de um jeito sério, observou-me da cabeça aos pés, seus olhos fixados em mim, o único cara que a viu, escutou-a e soube que ela existia.

– Eu perguntei aonde você vai. Por que essa pressa?

– Quem é você? Eu te conheço? Nunca te vi por aqui antes!

Aquela não era a hora de contar a Maryanne a verdade. Ela não estava preparada, então simplesmente respondi:

– O negócio é o seguinte: eu já tinha visto você por aqui e achei que estava na hora de a gente bater um papo.

Ela me olhou desconfiada, então fiquei preocupado, porque talvez eu a tivesse assustado. Queria que ela confiasse em mim o quanto antes para poder fazer meu trabalho.

– Escute, Maryanne, achei que você ia gostar de conversar com alguém. Eu te vi indo daqui para lá e de lá para cá, como se estivesse fugindo ou procurando alguma coisa.

– Mano, você acertou em cheio! Estou tentando entender onde estou. Tudo parece igual, mas ninguém fala comigo. É como se eu não estivesse aqui, você me entende? Minha própria mãe e as crianças, todo mundo age como se não me visse. Eu grito para eles, tento tocar neles, mas não consigo. Será que estou drogada?

– E como! É coisa pesada! Venha comigo, vamos dar uma volta.

Notei que o desespero e a frustração haviam tomado conta dela. Ela era apenas uma garota de 15 anos, assustada, confusa.

Então começamos a caminhar lado a lado, pelas ruas semidesertas, passando por lojas vazias do bairro, pelos carros e residências abandonados, tudo aquilo que faz parte daquela região de Los Angeles.

Andamos por terrenos vazios em que o lixo crescia junto com o mato, até que chegamos ao beco onde, em uma outra dimensão e em outro tique do metrônomo, Maryanne havia morrido.

Estendi meu braço, e minha mão encontrou sua pequena mão. Delicadamente fechei minha mão sobre a dela ao perguntar se ela se lembrava daquele lugar.

Ela não disse uma palavra. Mas não precisava dizer nada. Eu sabia que ela se lembrava.

Trazendo-a para mais perto, eu lhe perguntei se ela sabia o que tinha acontecido.

Ela olhou para baixo, para o lugar onde certa vez seu corpo, ali estendido, estava cercado por uma poça vermelho-escura. Então, quase sussurrando, ela respondeu. Ela disse somente:

– Por quê?

– Porque tinha de acontecer, Maryanne!

Nenhuma indignação, nenhuma raiva, somente uma tristeza amarga e melancólica.

– Maryanne, você não é o primeiro espírito – e duvido muito que seja o último – que me faz essa pergunta. Acredite em mim, ou melhor, confie em mim. Você mesma, mais tarde, saberá a resposta para sua pergunta. Não neste exato momento, mas você saberá, e esse dia não está muito distante, eu lhe prometo.

Ela me perguntou onde estávamos. Sabia que não estávamos realmente naquele beco. Havia sentido de alguma forma que estávamos em um lugar diferente.

– Sabe, apesar de eu não saber onde estou, acho que estou morta, certo?

Dessa vez, ela não estava mais fazendo uma pergunta, estava afirmando.

– Descobri isso há pouco tempo, mas quero que alguém me confirme.

Eu seria sua confirmação.

– Você poderia dizer que está morta. É por isso que nem sua mãe nem os outros podem vê-la ou escutá-la. Você deixou a Terra, mas seu espírito continua vivo. Sim, você pode chamar isso de estar morta, mas tenho certeza de que você descobrirá uma palavra melhor, depois de algum tempo por aqui.

Ela fez um sinal de indiferença, encolhendo os ombros, e logo em seguida perguntou se eu era um daqueles anjos da guarda, "como se vê nos filmes".

– Mais ou menos. Digamos que eu seja um anjo temporário.

Ela queria saber o que iria acontecer em seguida. Expliquei que poderíamos fazer quase tudo que ela quisesse. Disse-lhe que deveríamos conversar, mas, antes de tudo, a primeira coisa que deveríamos fazer era sair daquele beco.

– O que aconteceu aqui terminou. É hora de largar tudo isso.

Ela concordou. Ninguém é forçado, convencido ou pressionado a fazer alguma coisa deste lado. O livre-arbítrio é respeitado porque vai abrir as portas ao progresso e à evolução da alma. Nenhum anjo da guarda ou um espírito iluminado pode lapidar a alma de outro. Cada espírito tem de fazer isso por conta própria. Uma luz pode iluminar o caminho, mas o trabalho é por sua conta!

Quando estávamos voltando para a esquina onde nos encontramos, Maryanne parou de repente, como se tivesse esquecido algo naquele beco. Ela tinha uma dúvida, que acabou se tornando o início de algumas conversas longas e interessantes.

Ficou claro que ela levara a sério o que eu tinha dito sobre a necessidade de conversarmos.

– Eu morava nesse bairro. Dê uma olhada. É imundo, e quando fica quente esse lugar fede. Cheira a podridão. Quando a gente estava naquele beco, você me disse que lá era o lugar onde eu tinha de morrer. Isso quer dizer que eu tinha de viver aqui também?

Só pude responder que sim; era o destino dela.

Ela olhou bem em meus olhos, e então pude ver sua raiva, seu ódio e frustração. Parecia que ela estava me culpando pelo modo como viveu e morreu.

– Que papo furado! Sabe, meu chapa, quando eu morava nesse buraco, parecia que não tinha outra saída. Não importava o que eu fizesse, tudo terminava em uma cagada, e então eu me ferrava. Que tipo de destino é esse? Dê um tempo! Eu nunca tenho direito a nada?

Sinceramente, essa era uma pergunta difícil e eu tinha a sensação de que havia mais coisas por vir. Por que ela não começou a conversa com algo fácil, como "Os anjos têm sexo?"...

Essas perguntas sobre destino são complicadas. Alguns acontecimentos têm de suceder, mas nós temos escolhas. Não somos reféns do destino. Mas como é que eu poderia passar isso para uma garota de 15 anos que mal tinha começado a entender onde estava? Então tive uma ideia.

– Ei, essa rua é próxima da rua onde você morava. Que tal darmos uma passada lá? Você se incomoda?

Ela concordou e então começamos a caminhar. Conforme caminhávamos, mil pensamentos vieram à minha cabeça. Eu tinha a sensação de que Maryanne havia ouvido um monte de "papo-furado" durante sua curta vida. Eu sabia o que queria dizer, mas, para que ela confiasse em mim, eu teria de usar as palavras certas.

Chegamos à esquina do quarteirão onde ela morava. Ela fez um sinal com a cabeça para atravessarmos a rua. Sua casa era a terceira à esquerda. Era ali que ela morava, com uma mãe que cheirava cocaína, e seus sete irmãos.

– Tudo bem, nós não temos de entrar lá. Podemos ficar por aqui. Mas quero que você faça uma coisa.

Então, lentamente, mas com firmeza, eu disse a ela para pensar sobre aquela rua. Pedi para que ela se imaginasse saindo de casa, entrando em um carro e dirigindo naquela mesma rua.

– Feche seus olhos e imagine isso. Você está a caminho de sua escola ou indo à casa de algum amigo. Perceba, Maryanne, como você passa pela mesmas casas, lojas, esquinas e cruzamentos dia após dia sem prestar atenção. Se está em um carro, você está atenta às placas, aos semáforos e aos carros à sua volta. Mas o resto passa despercebido.

Com os olhos fechados, ela fez o que pedi, mas disse que nada disso fazia sentido para ela. Ignorei o que ela disse e continuei.

– A maioria de nós, quando encarnamos na Terra, corremos durante toda a nossa vida. Nós galopamos através dela, sempre tentando chegar a algum lugar. Mas não damos muita atenção ao que está acontecendo pelo caminho.

Eu também era assim em algumas de minhas encarnações passadas. Foi por meio de longas e difíceis lições que aprendi o que agora tentava explicar a ela.

– Maryanne, nós ficamos tão desesperados para chegar a algum lugar que acabamos esquecendo a razão de estarmos aqui. Antes mesmo de poder escolher algo, temos de entender o porquê. Exatamente como você, que está dirigindo seu carro, a maioria das pessoas não percebe a cor das casas, o tamanho das árvores ou as nuvens no céu. Nós não prestamos atenção aos sinais que a vida nos manda. Os acontecimentos não ocorrem por acaso, e você é livre para reagir do jeito que quiser. Mas o modo como você reage é que determina os resultados.

Ao sentir que eu estava conseguindo fazer com que ela entendesse isso tudo, continuei:

– Cada momento que você viveu na Terra aconteceu especialmente para você. Talvez tenha compartilhado algum momento com um amigo, mas cada alma tira desse acontecimento algo de que precisa para crescer. Não existe "bom" ou "mau". Como poderia existir, se tudo é parte do mesmo plano de ensinamento da Terra? Algumas lições podem ser mais difíceis, outras mais fáceis, mas tudo acontece porque é para acontecer.

Maryanne não disse nada. Ficou de pé a meu lado, com os olhos fechados. Até então, nenhuma discussão. Pelo menos ela estava ouvindo, e isso era bom.

Sentei-me na guia e, olhando para ela, continuei:

– Agora, somente por um minuto, finja que a vida é essa rua da qual nós estávamos falando. Todos os dias você passa apressada por ela, andando sempre em frente. Não olha para os lados e não vê os quarteirões passando. Você também não nota as pessoas, os prédios nem os sinais. Como essa rua, nossas vidas têm quarteirões diferentes, pessoas diferentes. Do mesmo modo que você tem de pegar essa rua para chegar aonde deseja, você também deve viver esta vida para chegar ao destino final. E esse destino, Maryanne, não é a casa de algum amigo, um shopping ou um escritório. É a unidade com a força criativa que nos criou. Nós não chegamos lá passando rapidamente pelas placas ao longo do caminho. O que nós não conseguimos ver e aprender em uma vida repete-se na outra.

Ela abriu os olhos e percebeu que eu não estava mais a seu lado. Olhou à sua volta para me achar. Então olhou para baixo e me viu sentado a seu lado na guia. Balançando a cabeça, ela riu com amargura. Disse que eu fazia a vida parecer muito simples, mas a seguir perguntou onde estava a justiça.

– Tudo bem, cara, vamos pegar essa rua e comparar com as ruas do outro lado da cidade. Minha rua é cheia de lugares legais para grandes aventuras: casas cheias de drogados, bêbados, ladrões, assassinos. Com certeza, esse lugar é um verdadeiro parque de diversões! Minha mãe é uma drogada cuidando de um bando de crianças que passam necessidade. Não sei quem foi meu pai, e a parte mais chata é que eu não estou nem aí, já não faz nenhuma diferença saber. Então este era meu destino: nascer e morrer nessa merda?

Ela continuou:

– Bem, tem uma outra rua. Não é longe daqui. E sabe o que tem lá? Palmeiras e grama cortada. As crianças que moram lá realmente andam de carro e vão ao shopping. Não venha com esse papo de escolhas! Eu não tinha escolha, eu nasci na favela e morri na favela.

Ela continuou a falar, suas palavras cortavam o ar com raiva e amargura.

– Por que minhas lições foram mais difíceis do que as dos garotos brancos do outro lado da cidade? Por que eu devia sofrer mais do que eles? Por que é que eu fiquei na "bandidolândia" e eles ficaram na Disneylândia?

Ela se calou. Como eu tinha dito antes, essas perguntas sobre destino são complicadas.

– Maryanne, suas lições foram escolhidas por você antes mesmo de você ter nascido. Seu destino foi traçado por conta das lições que você tinha de aprender. Sim, você escolheu uma estrada dura e difícil. Porém, nunca se compare aos outros; todos temos nossos próprios infernos para vencer. Cristo disse que não somos nós que devemos julgar, e Confúcio escreveu que nenhum homem deveria julgar um outro antes de caminhar com os sapatos dele. Ambos disseram a mesma coisa: cada espírito tem seu destino, e ele é único.

Eu não sabia se estava atingindo meus objetivos. Não sabia dizer se estava quebrando seu muro de raiva e frustração. O que eu disse, contudo, serve para você que está na esfera terrestre: pare e pense sobre o *porquê*. Você não está em sua rua por acaso.

Você não está na Terra por acaso, como não estão seus vizinhos, amigos, colegas de trabalho e mesmo os tão chamados inimigos.

Nós estamos amarrados uns aos outros por acontecimentos que ocorreram em outras vidas: amizades antigas, rivalidades, amores, ódios, ciúmes e mágoas.

Eu tinha de deixar claro para Maryanne que, caso ela quisesse continuar sua vida, ela teria de cortar os laços de raiva, ódio e frustração. Enquanto não fizesse isso, iria ficar imersa nas vibrações inferiores.

Perguntei se ela se lembrava do pai-nosso. Ela disse que sim e perguntou então se eu queria que ela fizesse essa oração. Respondi que isso não era necessário, mas pedi para que refletisse sobre uma específica parte dessa oração.

– Jesus nos ensinou a orar da seguinte forma: "Perdoe nossas ofensas assim como nós perdoamos a quem nos tem ofendido". Maryanne, nós não perdoamos a quem nos fez uma maldade só porque somos almas generosas. Não, nós perdoamos porque desse modo cortamos essa eterna prestação de contas. Só então podemos nos libertar de nossas ruas, dos mesmos prédios, dos mesmos quarteirões e da pressa que nos faz chegar aos becos sem saída. Uma vez tendo perdoado, poderemos continuar com o verdadeiro sentido de nossa vida: o avanço e aperfeiçoamento de nosso espírito eterno.

Maryanne ficou em silêncio. Eu esperava que ela estivesse começando a entender.

Ernst

Um vazio escuro e silencioso. Um ponto estéril na criação. Não há luz, som, tato ou cheiro.

Foi nesse lugar que um espírito chamado Ernst foi acordar. Sua vibração levou-o para essa escuridão.

Sua última lembrança da Terra tinha o gosto amargo de uma cápsula de cianureto. Depois veio o suspiro em busca de ar e a imagem sem brilho e distorcida de seus capturadores à sua frente. E agora o vazio, sem luz para recebê-lo, sem amigos, sem família, somente a presença vazia de si mesmo.

Esse vazio não era uma punição, mas uma consequência. Aqui só há nosso próprio julgamento. Não há pretos ou brancos, céu ou inferno, nem condenação eterna. Os acontecimentos são consequências da viagem de cada um.

Todos viajamos pelas estradas da vida. Há uma direção, iluminação, orientação, esclarecimento. Alguns os usam e outros não. Há várias estradas e curvas diferentes, porém nenhuma é errada e nenhum caminho é mais correto ou mais abençoado que outro.

Antes de encarnar na Terra, Ernst vivia em um mundo inferior. A Terra não é o único lugar onde os espíritos encarnam. Alguns mundos são mais evoluídos que a Terra, possuem vibrações leves, onde almas altamente desenvolvidas se reúnem. Outros são menos desenvolvidos, com uma vibração mais densa e mais pesada, para onde as almas que ainda estão engatinhando pelo caminho são atraídas para progredir.

Ernst viveu em um desses mundos inferiores e, quando o período de sua encarnação terminou, ele com seus guias decidiram que estava na hora de ele encarnar na Terra.

Ernst havia progredido, suas vibrações estavam afinadas com a Terra, então ele nasceu lá.

Quando ele morreu, passou pelo vazio. Sua atração para aquele lugar não foi um castigo, assim como sua transição de um mundo inferior para a Terra não foi uma recompensa.

Deus não castiga ou recompensa ninguém. Somos nós que criamos nosso próprio céu e nosso próprio inferno.

A primeira vida de Ernst na Terra se deu na Alemanha. Ele tinha alcançado um ponto em sua evolução espiritual que o capacitava a fazer escolhas.

Na Terra, existem as ideias de certo e errado, de moralidade e de imoralidade. O bem e o mal existem. Somos livres para fazer escolhas entre esses conceitos. Nossas escolhas se tornam ações, que criam as consequências. Nossas almas aprendem pelos resultados que elas provocam.

Ernst estava nascendo em um período e em um lugar em que as escolhas seriam muito simples e fáceis, havia uma clara separação entre a luz e as trevas.

Ele fez suas escolhas e o mundo sabe de suas ações. Ele se juntou ao partido nazista e fez parte da elite do Terceiro Reich. Ernst acreditava estar do lado da verdade.

Nós sabemos de suas decisões, de sua vida e da história que ele e outros deixaram no passado. Eles mergulharam o mundo em uma longa e fria noite de terror.

O que eles fizeram tem sido estudado, debatido e condenado por historiadores, políticos e estadistas.

Mas, para entender sua própria vida na Terra e o que isso significou, você precisa compreender Ernst. Não o julgue, porque nós somos parte dele assim como ele faz parte de todos nós. Ele divide conosco o mesmo brilho divino, porque todos nós somos espíritos e parte do Criador.

No Universo do Criador, em certos lugares e épocas, o bem e o mal, o positivo e o negativo precisam e devem coexistir. Para crescer e aprender, um espírito deve fazer escolhas e colher os resultados. Se não há alternativas, não há o que escolher. A Terra existe no Universo porque é uma esfera onde os espíritos aprendem por meio de suas escolhas.

Ernst fez suas escolhas na Terra. Quando seu espírito retornou para cá, ele não achou nada, exceto eu: a luz. Eu estou aqui para todos vocês. É meu trabalho e missão. O que aprendo ajudando vocês também me ajuda em minha viagem eterna. Entretanto, no caso de Ernst, não pude fazer minha presença ser notada por ele. Naquela hora, eu não podia oferecer conforto, esperança nem luz. Seu espírito não estava pronto.

Ernst acreditava fanaticamente na máquina de propaganda nazista. Seu espírito esperava ser resgatado para algum lugar especial. Ele esperava que anjos wagnerianos viriam buscá-lo e o levariam de lá para o grande *hall* dos heróis caídos do nazismo.

Os anjos nunca vieram e Ernst rolava no escuro em vão. Não havia desfiles com tochas para iluminar esse canto escuro do Universo.

Em algumas horas, ele chamava por algo fora da escuridão. Ele se recordou de um esquecido Cristo lá de longe, de sua juventude. O espírito do Cristo não apareceu, opostos não se atraem, as vibrações não combinam. Porém eu estava lá, esperando.

Mas Ernst não estava pronto, ele teria de passar por esse abismo sozinho. Seria esse vazio que as religiões da Terra chamam de inferno? De acordo com a doutrina da Terra, o inferno é um castigo de Deus, mas Deus não castiga nem julga. Deus é desenvolvimento constante. Sua força está sempre presente em sua criação.

Logo Ernst sentirá a presença de Deus. Ainda que seja por uma fração de segundo, a porta se abrirá e ele sentirá a harmonia, o amor e a beleza de Deus. Eu abrirei essa porta para ele e a fecharei rapidamente, para Ernst vislumbrar a luz, para saber o que está perdendo.

Eu pergunto a você: isso não é o inferno?

Borunda Ni Espera Ansiosamente

Borunda Ni ainda estava no ciclo terrestre: os primeiros raios de sol anunciam tanto o amanhecer quanto a suave aproximação da escuridão ao entardecer. Foi durante um entardecer, nesse cenário simples de sua aldeia africana, que nós conversamos.

Estávamos sentados ao lado da porta de sua cabana. O sol estava se escondendo lentamente atrás das montanhas que rodeavam o lugar e as sombras da noite cresciam pelo chão.

Sentado de pernas cruzadas no chão sujo, Borunda comentou:

– Já estou aqui há algum tempo e com o passar dos dias vou percebendo certas mudanças. Cada dia é um pouco diferente do dia anterior. E o ar da noite vai ficando cada vez mais leve do que era antes.

Borunda levantou-se, olhou para as montanhas e então começou a perguntar:

– Há muito mais coisas além dessas montanhas, não há? Mais ainda além do céu, e o ar está cheio de mistérios que não consigo captar. Lá na África nós sabíamos da magia que os espíritos podem fazer com as forças ocultas. Agora sei que isso era verdade, porque não estou mais na África e, embora tudo pareça igual, na verdade não o é. Sei que estou no lugar onde os espíritos vivem; às vezes eu os vejo. Eu sou um deles agora.

Borunda tinha estado aqui por um bom tempo. Lentamente e sem esforço, ele estava se adaptando a este outro mundo, o mundo onde os espíritos vivem.

Ele se levantou do chão em frente à sua cabana. Para fazer-lhe companhia, caminhei até onde ele parou. Olhei fixamente para as montanhas que cercavam a pequena aldeia.

– Sim, este é o lugar onde os espíritos vivem. Eu sou um espírito e você também. Foi daqui que viemos, e é aqui onde realmente vivemos. A vida na Terra, lá na África, não era sua verdadeira vida, sua existência ou seu ser verdadeiro. A Terra serve para passarmos um tempo longe de casa, é um lugar onde se aprende o que não se pode aprender aqui.

Ele me entendeu e esperou que eu continuasse.

– Escute, agora é a hora, você está pronto. Olhe ao redor de sua aldeia. É o local de sua última vida. Ela é como você se lembra. Veja: há o centro da aldeia, onde sua tribo se reunia para conversar, cozinhar ou dançar. E mais adiante, depois das cabanas e da clareira, está a floresta onde você brincava quando criança e caçava quando adulto. Porém, antes que você estivesse aqui, você esteve lá. Contudo, é aqui, onde nós estamos agora, "neste local onde os espíritos vivem", que você começou. Onde todos nós começamos.

Ele concordou. Ele sabia.

Toquei seu ombro. Borunda virou-se e olhou-me nos olhos. Ele queria ouvir mais.

– Deixe-me mostrar e explicar. Vamos voltar e eu lhe mostrarei como foi que você passou daqui para lá e por todos os caminhos intermediários. Vou lhe mostrar tudo que você precisa saber. Você vai passar por estradas pelas quais já passou e por muitas outras que estão pela frente.

Sua aura estava mais forte agora e ele entendeu o que eu lhe disse. A antecipação do que estava por vir pulsou em seu ser. Mas eu também sabia que ele tinha suas dúvidas, dúvidas essas que, seguramente, provinham das crenças de sua tribo.

A princípio, suas crenças o ajudaram a se ajustar rapidamente, mas algumas dessas ideias eram agora responsáveis por seu estado de confusão. Aqueles que realmente acreditam em suas crenças piamente, sem reservas ou questionamento, têm uma grande dificuldade de entender uma realidade que não bate com suas expectativas.

Os iorubás davam muita ênfase à magia, aos encantamentos e rituais. Não davam muita atenção para o outro lado da espiritualidade: o significado de nossas vidas na Terra. O nível de conhecimento de Borunda sobre o mundo espiritual era básico. Agora era a hora de levá-lo além do ocultismo tribal. Ele conhecia o local “onde os espíritos viviam” por meio de sua mágica. Agora ele esperava ver esses espíritos e se tornar parte deles. Isso era o que ele acreditava, porque isso era o que ele praticava.

– Borunda, deixe-me perguntar uma coisa. Isso era o que você esperava? Quero dizer, quando você estava na Terra, imaginava que os espíritos viviam em um lugar parecido com este?

Ele refletiu sobre minha pergunta e respondeu:

– Sim e não. Está claro que minha morte não foi nada. Eu simplesmente deixei meu corpo velho e cansado para trás. Eu sabia que meus amigos e parentes iriam me receber. Mas onde estão os deuses, as sete linhas do espírito? Onde estão Xangô, Iemanjá, Ogum e todos os outros? Eu não os vejo. Na Terra eu os via claramente dançando diante de meus olhos. Eles não estão aqui.

Esperei um pouco antes de explicar. Ele precisava saber mais do que havia perguntado.

– Existem muitos grupos de espíritos aqui, Borunda. Lá em sua aldeia não há muitas pessoas diferentes? Não há jovens e velhos, homens e mulheres? É a mesma coisa aqui.

Na crença dos iorubás, os espíritos são divididos em grupos. Esse era provavelmente o melhor modo para explicar o mundo espiritual para ele.

– Os espíritos que você conhecia na Terra, aqueles que dançavam diante de seus olhos e vinham quando você os chamava, podem ser divididos em dois grupos. O primeiro é formado por espíritos que se recusam a evoluir. Por alguma razão, eles não cortaram sua ligação com a Terra. Não estão prontos ou não são capazes de dar um passo para a frente.

Eu lhe disse que, em outros locais na Terra, as pessoas chamavam esses espíritos de "fantasmas". E esses espíritos ainda ligados à Terra se sentem poderosos quando se envolvem com assuntos terrestres. Alguns deles não estão prontos para seguir adiante, estão presos à vibração da Terra por causa de seus egos e vaidades.

– Existem algumas regras aqui – eu disse. – Um espírito não pode ir aonde quer, vai só até onde suas vibrações conseguem chegar. E não há polícia ou exército para fiscalizar essa regra. Tudo funciona naturalmente.

Borunda perguntou-me se esses espíritos estavam presos à Terra porque suas vibrações não tinham sido purificadas.

Fiquei surpreso com essa pergunta. Aparentemente, quando ele estava na Terra e esses espíritos dançavam diante de seus olhos, ele viu mais do que imaginei.

– Você está certo. Mas existem ainda grupos de espíritos mais evoluídos em missão no mundo. São os guias, os anjos ou, como eu, professores.

Eu lhe disse que, quando ele praticava seus encantamentos, invocava espíritos ligados à Terra. Se o objetivo do encanto era negativo, então o primeiro grupo respondia.

A vibração de Borunda mostrava que ele estava pronto para aprender mais.

Os iorubás deram a ele uma compreensão sobre a continuação da vida após a morte. Minha tarefa era mostrar-lhe que a festa continuava em vários lugares diferentes. Ele poderia então escolher, entre os lugares que suas vibrações conseguiam alcançar, o mais adequado.

– Sabe, Borunda, você esqueceu muito. Por exemplo, você sabe que já viveu antes. Está na hora de se lembrar dessas vidas. Elas estão dentro de você. Elas são parte de você. Eu irei, se você permitir, ajudá-lo a encontrá-las.

Seu rosto demonstrou o encanto e o entusiasmo que sentiu. Ele estava pronto, e eu também.

A tarefa de ajudar um espírito a juntar as peças de seu quebra-cabeças pessoal é a parte favorita de meu trabalho.

Borunda e eu passamos por um túnel colorido e sinuoso, cheio de luzes e sons, sincronizados na mais perfeita harmonia. Voltamos para seu último nascimento na aldeia africana. Nós o vimos como uma criança, aprendendo com os mais velhos a brincar e a caçar.

Seus 60 anos terrestres passaram rapidamente diante de seus olhos, porém mais intensamente do que quando ele os havia vivido. Ele se viu crescendo, aprendendo com a Terra. Ele viu que todos os animais e plantas dependiam uns dos outros. Começou a entender a harmonia da natureza: a chuva alimentando o solo, o sol trabalhando com aquele solo e as plantas nascendo dele. Essas plantas morreriam, fertilizariam o solo e todo o ciclo começaria novamente, renovando-se a cada estação.

Borunda aprendeu os ritmos da Terra, não por meio de um livro, mas sendo uma parte desses ritmos.

Naquele momento, episódios de sua vida passaram diante dele. Notou que, quando agia contra as regras da natureza, era punido. Viu que não devia dominar totalmente seu meio ambiente e aprendeu a ser mais humilde. Descobriu elementos que não podia dominar por conta própria e precisou da ajuda de sua tribo, aprendendo assim a achar seu lugar no coral da natureza.

Eu, então, interrompi o filme de sua vida.

– Borunda, está na hora de mostrar-lhe outras coisas. Vamos voltar para sua aldeia na África. Vamos ver como ela se encontra nos dias de hoje, depois que você partiu.

No mesmo instante, nós estávamos lá. Tudo que separa o mundo terrestre deste mundo espiritual são frequências diferenciadas de vibrações.

Borunda e eu, como espíritos, estávamos em sua antiga aldeia terrestre. Nada havia mudado. As mulheres continuavam a andar até o límpido rio para lavar roupas. As crianças brincavam nas proximidades e os adolescentes se preparavam para uma caça na floresta.

– Tudo está do mesmo jeito – eu disse. – Todos os dias é a mesma coisa. Mas, no futuro, aldeias como essa não existirão mais. Essas esferas de aprendizado não serão mais necessárias. Os vilarejos pequenos e ermos estão desaparecendo aos poucos.

– Por quê? – Perguntou Borunda.

– Aldeias como essa existem para que certos espíritos, que estão começando a se desenvolver, possam entrar na vibração terrestre em um nível básico. Esses espíritos não estão preparados para fazer escolhas difíceis, e nessas aldeias não existem muitas escolhas para ser feitas. Contudo, não pense que todas as pessoas que estão aqui se encontrem em um estágio inferior de desenvolvimento. Pensar isso seria um grave erro. Mas, conforme os espíritos evoluem e progridem, esse tipo de escola se torna cada vez menos necessário.

Dirigi sua atenção de volta para a aldeia e apontei para um grupo de jovens caminhando para a floresta. Contei a ele que aqueles jovens eram seus bisnetos, que nasceram bem depois que ele se tornou um espírito.

– Como? Deixei esse lugar alguns dias atrás. Não é possível que eles sejam tão velhos – lamentou ele.

Compreendendo sua dúvida, sorri. Disse a ele que falaríamos sobre o tempo depois.

E, por falar em tempo, estava na hora de irmos embora. Havia muito ainda para ser visto.

– Viemos até aqui para ter um ponto de partida, um local que você pudesse reconhecer.

Então pedi a ele para lembrar-se do que havia visto: uma aldeia minúscula em uma parte remota da Nigéria, no continente africano, parte de um planeta chamado Terra. Também pedi para olhar o sol no céu. Era por volta do meio-dia, horário local.

– Venha, meu amigo, vamos visitar outros locais na esfera terrestre.

Deixamos o futuro. Eu disse a ele que faríamos uma viagem ao passado.

– Borunda, nós vamos fazer uma viagem pela Terra, na época em que você viveu lá.

A primeira parada foi na Europa, para ver as cidades, as fazendas e os vilarejos. Eu disse a ele que em um lugar tão pequeno como aquele, muito menor do que a região da qual a Nigéria fazia parte, viviam pessoas dos mais variados tipos.

Depois fomos à África, cujas florestas fizeram Borunda se lembrar de sua casa. Ele viu as cidades novas do Oriente, que, como na Europa, o deixaram muito surpreso. A seguir, fomos para a América do Norte, e lhe mostrei prédios enormes, onde milhares de pessoas viviam e trabalhavam.

Ele viu os céus escuros e os rios envenenados pelos homens. Voamos sobre fábricas, escritórios, trens, carros, cinemas. Ele viu todas aquelas invenções e todas aquelas pessoas diferentes que viveram exatamente na mesma época de sua morte.

Borunda não fazia a mínima ideia de que suas civilizações existiam enquanto ele vivia sua vida simples e calma na remota África.

Nós então passamos pelo Oceano Atlântico e chegamos à sua pequena aldeia. Seus netos, com os demais do grupo, estavam voltando de mais um dia na floresta.

Nós os observamos enquanto eles voltavam para suas cabanas. Dois deles passaram do nosso lado. Sei que ele gostaria de tê-los tocado, mas não podia. (Novamente aquela história de vibração.)

– Borunda, foi aqui que começamos: em sua antiga aldeia. Os homens já retornaram de mais um dia de trabalho e as mulheres vão começar a cozinhar. Hoje, a vida seguiu seu caminho usual, exatamente como aconteceu 30 anos atrás, quando você morava aqui. Nada mudou. A vida continua como era antes. Enquanto as pessoas aqui estavam vivendo suas vidas, inúmeras outras, em cidades e vilarejos diferentes, estavam fazendo exatamente o mesmo: vivendo a vida que deveriam viver. Você consegue entender isso, meu amigo?

O espírito não falou logo em seguida. Borunda passou algum tempo olhando para sua aldeia, como se estivesse olhando para ela pela primeira e última vez. De um certo modo, era isso mesmo. Conforme o desenvolvimento, o passado jamais é visto da mesma forma de novo.

Finalmente ele falou. Sua voz carregava o tom de sobriedade e também certa melancolia pelo que agora ele compreendia.

– Durante muitos anos eu dormi, cacei e brinquei aqui. Ensinei às minhas crianças nosso modo de vida. E, nesse mesmo tempo, no mundo todo, pessoas que eu jamais conheci fizeram as mesmas coisas.

O sol estava se pondo atrás das montanhas. Um tom azul se espalhou pela paisagem, e os sons distantes da floresta chegavam a nossos ouvidos. Eu expliquei a ele que todas aquelas pessoas tão distantes estavam ali para aprender, crescer e se desenvolver, assim como ele.

– Nós somos todos iguais. Cada pessoa vive a vida que lhe foi destinada a viver – finalizei.

O velho entendeu.

– Essa não foi a primeira vez que estive na Terra. Vivi lá e em outros mundos muitas vezes. Agora nós estamos onde os espíritos vivem. Entendo que existem muitos lugares diferentes aqui também. Eu só conhecia a pequena aldeia onde nasci, e nunca imaginei que pudessem estar acontecendo tantas coisas à minha volta. É a mesma coisa aqui, não é?

Gostei muito do que ele disse. Foi como se uma lâmpada acendesse e de repente o espírito com o qual eu estava trabalhando juntasse todas as peças do quebra-cabeças.

– Sim – respondi. – Assim como existem diferentes vidas que fazem parte da Terra, há diferentes vidas que fazem parte de você. Está na hora de aprender mais.

Deixamos sua aldeia para trás. Por cima do ombro, ele ainda tentou dar uma última olhada para seu antigo lar: as montanhas, a floresta, as cabanas marrons e as fogueiras acesas tentando dominar a escuridão. Ele ainda estava olhando quando um de seus bisnetos passou correndo por uma das estradas empoeiradas da aldeia. Eu sabia que o bisavô daquela criança não deixaria de protegê-la.

Nós deixamos a vibração terrestre e voltamos para o astral. Não há nada de dramático nisso e, depois de um tempo, você nem percebe mais a mudança. Estávamos andando em uma praia de areia muito branca, com as ondas do mar suavemente se quebrando na costa.

Estávamos conversando sobre suas vidas passadas. Ele estava prestes a analisar cada uma dessas vidas com seu guia e professor.

– Agora, Borunda, você vai encontrar mais espíritos para ajudá-lo. Na verdade, você já os conhece há um bom tempo. Então é só uma questão de se familiarizar de novo com eles.

Era a hora de Borunda se encontrar com seus guias e professores. Eles são espíritos que estão conosco desde o dia em que nascemos, às vezes durante várias encarnações.

Nós nos encontraremos com Borunda mais tarde, durante sua própria jornada para casa.

Maryanne e Eu Conversamos sobre o Destino

– Ei, cara, sabe de uma coisa? Eu não sei nem mesmo seu nome, de onde você veio, o que significa tudo isso. Quero dizer, a gente está batendo papo todo esse tempo e você sabe quem eu sou, mas, até onde me diz respeito, para mim você pode ter vindo de Marte.

Com essa observação tão encorajadora, começou um outro bate-papo com Maryanne.

Nós não estávamos mais nas ruas de Los Angeles. Maryanne finalmente havia rompido com elas, mas não rompera com a raiva que fervia dentro de sua alma.

Onde estávamos? Na Terra, as pessoas chamariam de hospital, mas aqui esse lugar não cura as doenças do corpo. Nosso hospital é para curar ferimentos da alma.

Eu estava fazendo o melhor que podia. E a gente até já tinha feito algum progresso, mas bastante lento.

Maryanne era muito impaciente. Ela queria saber todas as razões, os porquês, os ses, os fins e os poréns. Para explicar tudo, ir ao fundo, esclarecer todas as suas dúvidas, levaria bastante tempo.

A raiva dela e a total falta de preparação, aliadas à violenta natureza de sua morte, tornavam seu progresso muito lento.

Deixe-me fazer um aviso: "lento" e "devagar" têm um significado diferente para nós. Podem ser dias, meses, anos ou mesmo séculos. A grande verdade é que aqui o tempo é irrelevante. Na Terra, estamos acostumados a ter as coisas resolvidas em pacotes: o casamento, o divórcio, um novo emprego, a aposentadoria e a morte. Porém, deste lado, nós não temos coisas como "você fez isso, agora faz aquilo". A evolução espiritual não é composta de marcos ou eventos. Você já viu o broto de uma folha? Em um dia o galho está nu, mas no dia seguinte novas folhas verdes preenchem o vazio do dia anterior.

Tentei descrever essa jornada espiritual para Maryanne.

Pedi para ela pensar em um pequeno riacho. Falei, devagar e suavemente, em como um pequeno riacho deve fluir: sem esforço, conquistando seu caminho por meio de um leito esculpido no solo, séculos antes da própria existência do riacho.

Ao longo do caminho, há muitas curvas e retas. Há pontos onde o leito é profundo; outros lugares onde a água é mais rasa. Conforme o riacho caminha, ele chega a um ponto onde suas águas encontram um outro riacho e ambos formam uma corrente.

Os dois riachos fluem rápidos, juntos como se fossem um só, seguem um novo curso. Outra corrente se junta a esse a assim vai, até que as águas, adquirindo volume, se transformam em um poderoso rio, e esse rio se junta a outros rios no caminho que vai em direção ao mar.

É dessa forma que nosso espírito evolui. Ele capta conhecimentos, experiências, seguindo um curso traçado milênios antes. Nossa jornada espiritual não é um acaso sem planejamento, sem memória, correndo em direção à eternidade. Não existe caos na criação; tudo é exatamente como deveria ser.

Maryanne, como de praxe, não concordou.

– Espere um pouco – ela retrucou. – Destino, sina, o que são todas essas bobagens? Se estamos fluindo como um riacho, então qual é a razão da vida? Entende o que quero dizer? Se tudo isso foi determinado antes de a gente nascer, se Deus já sabe como tudo vai terminar, para que serve tudo isso?

Maryanne possuía grande habilidade para simplificar. Mas pelo menos se mostrava interessada o suficiente para discordar, e isso era bom.

– Está bem, vou dar uma explicação. Sina, destino, carma... tudo é a mesma coisa. Vou usar a palavra carma, Maryanne, porque é mais prática. Guarde isso em sua mente. Uma vez que você se liberte dos rótulos, todas essas palavras significam a mesma coisa. Carma é como gravidade. Gravidade é uma força que mantém a Terra junta, e carma junta todos nós um ao outro. Sei que muitas pessoas ficam confusas a respeito do carma. Alguns pensam que carma é o seguinte: se faço alguma coisa ruim para fulano nesta vida, então o carma determina que, na próxima, fulano vai me dar o troco. Portanto, é melhor ser bom com todo mundo que eu encontrar, assim não serei afetado por carma ruim.

Rindo, expliquei a Maryanne que não era assim tão simples. Essa era a parte mais difícil. Não porque carma seja complicado, mas porque é simples demais.

– Ouça o que vou dizer com muita atenção, garota. Não retruque antes de eu terminar. Depois você faz suas perguntas.

Ela ficou atenta, pronta para discordar de tudo que eu ia dizer. Comecei com uma afirmação simples:

– Não existe essa coisa de mau, bom, certo, errado, sagrado ou amaldiçoado. Maryanne, essa é a maior verdade que você ouviu em sua vida.

Fiquei atento à sua reação. Não houve nenhuma.

– Fale, Bob, estou esperando o resto. Vá em frente.

Pelo tom de sua voz, percebi que ela estava louca para acabar comigo.

– Lembro que, após minha última encarnação, minha professora pensou que eu estava pronto para entender essa ideia. Quando ela me disse que não havia essas coisas de certo ou errado, foi como se todo o meu mundo viesse abaixo. Ela estava afirmando que tudo que eu havia aprendido estava errado.

– Eu não disse que estou concordando com esse troço. Disse apenas para você continuar falando – respondeu ela, ofendida.

Respirei fundo. Esperei uns segundos e continuei.

– Todos nós somos espíritos, feitos pelo Criador e pertencentes a ele. Portanto, todos os espíritos são iguais; nenhum é melhor ou maior que o outro. Alguns podem ser mais iluminados porque se desenvolveram mais, mas todos nós somos iguais. Agora que você está aqui, deste lado, você pode ver que sua vida não terminou lá em Los Angeles. Logo, quando você estiver pronta, vai entender que sua vida também não começou lá.

Maryanne encolheu os ombros e fez um sinal impaciente para que eu fosse em frente. Continuei.

– Vamos usar alguns exemplos da Terra.

Ela me interrompeu:

– Mas sem riacho, tá, Bob? Qualquer coisa, menos isso.

Nós dois rimos.

– Como eu estava dizendo, se você olhar com cuidado, poderá ver alguns modelos de vida espiritual na Terra. Lógico. A vida na Terra é feita de espíritos. Veja: você nasce, aprende a andar, falar, amarrar seus sapatos, alimentar-se. Vai à escola, aprende a ler, escrever, somar e subtrair. Em determinado ponto, um professor diz: "Espere um pouco, você ainda não aprendeu bem sua lição, por isso vai ter de repetir de ano, começar tudo outra vez".

Maryanne deu um pulo.

– Disso eu entendo bem.

Eu disse a ela que repetir o ano não é uma punição. Como alguém pode aprender mais se não tem uma base para construir? Essa pessoa é um fracasso? Tem alguma coisa má nela? Claro que não. Assim como também não há nada de bom ou de mau na criança que passa de ano.

Embaraçada, a garota de 15 anos confessou que levara bomba no quinto e oitavo anos e que no último ano ela teve mais faltas do que presenças.

– Eu sei, minha querida, foi por isso que usei esse exemplo. Você não foi somente reprovada, você desistiu. Não há nada de mais em ser reprovada, mas desistir... isso é grave. Se existe um pecado, é esse de desistir, porque você perde sua chance e renega seu espírito. Vamos voltar a meu exemplo. Na Terra, uma pessoa precisa estar hábil para ler, escrever e fazer contas. Como uma criança pode se tornar um adulto e fazer suas escolhas, se ela não consegue pensar? Como ela pode pensar, se ela não sabe ler? As pessoas constroem em cima daquilo que aprenderam. Desculpe eu dar de novo esse exemplo, mas na verdade é como os dois riachos se tornando uma corrente. É dessa forma que evoluímos como espíritos. Todos fomos criados para ocupar um lugar especial no Universo, mas precisamos conquistar essa posição. Se um espírito tem de aprender o que é compaixão, o único jeito de aprender é sofrendo. Um espírito precisa aprender a amar antes que ele possa ser amado. Precisa ver sua própria essência antes de ser capaz de ver essa mesma essência brilhar nos outros.

– O único lugar para aprender tudo isso é a Terra?

Minha amiga estava começando a entender, e eu estava começando a compartilhar. Foi um momento maravilhoso!

– Agora vamos falar sobre carma. Antes de nascer, decidimos nosso destino. Com a ajuda de nossos guias, traçamos o esboço de nossa próxima encarnação. Um espírito planeja a forma geral de sua própria vida e as lições a ser aprendidas. Fazemos isso levando em consideração nossas vidas passadas, nossos defeitos e nossas virtudes. Nesse retrospecto podemos perceber as injustiças e as dores que causamos aos outros. Todas as nossas virtudes, nossos defeitos, vícios, méritos e deficiências são colocados à luz do dia para que possamos vê-los claramente. Não podemos ocultar nossas faltas nem nos esconder delas. Também não podemos rogar a Deus para que leve embora essas qualidades negativas. Deus não atenderá nosso pedido para purificar nossos espíritos. O esforço de polir nossas almas é só nosso. Como na escola, temos de aprender as lições. E quando digo que não há preto ou branco, bom ou mau, estou dizendo que temos livre-arbítrio para escolher. Nossas vidas são resultado dessas escolhas. Os desafios são colocados à nossa frente e não são necessariamente bons ou maus. São simplesmente chances de crescimento para o espírito.

Maryanne estava prestando atenção em cada uma de minhas palavras. Mas, até então, eu não sabia se ela estava concordando comigo ou tomando notas mentalmente de tudo que eu dizia para depois contestar:

Em todo caso, continuei:

– Bem, nós nascemos. As memórias passadas são apagadas. Não nos lembramos de nossas vidas passadas nem dos testes que virão. Isso é bom e justo, porque não podemos ser carregados por nosso passado nem podemos ser preparados para o futuro.

Maryanne protestou.

– Bob, ainda não entendo o que tudo isso tem a ver comigo. Sabe, eu era só uma garota negra e estúpida dos cortiços de Los Angeles que levou um tiro em uma guerra de traficantes. Eu realmente devia estar muito atrapalhada para escolher uma vida como aquela.

Maryanne, como todos quando chegam aqui, insistia em tornar tudo muito pessoal. De qualquer forma, é uma maneira de aprender.

– Os caminhos que escolhemos precisam ser percorridos até que tenhamos aprendido a conhecê-los bem. Isso é carma. Nós temos a liberdade de chafurdar no ódio. E, se fizermos isso, vamos entrar em um círculo de ódio por séculos, até tomarmos a decisão de nos tornar livres. Iremos criar um laço infinito de dor e sofrimento que o ódio sempre traz, até que tomemos a decisão de nos libertar dessas pesadas correntes e andar livremente em direção à luz.

A cólera dominou-a e sua voz encheu-se de raiva.

– Então você está me dizendo que eu escolhi o que tinha de pior, que minha vida foi inútil?

Em meu tom de voz mais suave, respondi:

– Sim, mas saiba que nenhuma vida é inútil. Você aprendeu muito com ela e isso é o que conta.

Fui em frente, desejando muito que ela pudesse entender mais sobre carma. Expliquei:

– Carma é o resultado de suas ações. E, se você não muda, se continua a fazer as coisas do mesmo jeito, as mesmas situações continuam se repetindo em sua vida. Você não pode progredir até que modifique suas atitudes. Há justiça, e justiça é a oportunidade de experimentar de novo por meio da reencarnação. Nosso Criador e nossa criação são perfeitos. Nós é que estamos fora de sincronismo. E aqui é que repousa a lógica, a compaixão e a retidão da reencarnação. São dadas a nós incontáveis oportunidades para movimentar e classificar nossas emoções, nossos desejos e nossas necessidades. Não existe condenação eterna, mas sim a salvação eterna, quando cada um encontra seu próprio caminho para casa.

Seus olhos se encheram de lágrimas e foi com esforço que ela fez uma pergunta. Sua voz soava distante e ela implorava por uma resposta.

– Por favor, responda-me: por que levei um tiro? Por que recebi uma bala no peito, eu que só tinha 15 anos? Que espécie de carma fez isso comigo? Fui uma pessoa tão horrível assim em alguma outra vida?

Eu me aproximei, pegando sua mão. Acariciando-a, senti toda a amargura e o desespero que invadiam sua alma conturbada.

– Minha querida, é tudo tão simples! A estrada difícil que você escolheu para percorrer chegou ao seu final. Você aprendeu muito bem algumas lições, e algum dia irá decidir quais as outras que precisará aprender. Mas seu tempo chegou e era seu carma ser morta por um tiro em uma aldeia suja e escura. Sua morte, no entanto, foi uma lição para outros. Agora mesmo, sua mãe sofre por ter, no passado, escolhido as drogas em vez dos filhos. Seus amigos sofrem por terem sido tão estúpidos. Pouco tempo atrás, o rapaz que puxou o gatilho da arma que a matou foi preso e irá provavelmente passar o resto da vida em uma prisão. Você agora entende o que quer dizer escolha? Uma pedra jogada na água causa milhares de ondulações. A vida de um toca a vida de muitos. A maneira como vivemos nossas vidas é uma grande responsabilidade, não é?

Clara Vai ao Cinema

A vibração é uma frequência, e por aqui nós sintonizamos a frequência de cada um. As vibrações nos levam aonde quisermos ir. Quanto mais alta é nossa vibração, maior é nossa espiritualidade e mais para cima podemos seguir.

Os espíritos procuram outros espíritos que estão na mesma frequência, e Clara quando chegou aqui passou um bom tempo com seu marido. Eles ainda estão muito ligados um ao outro. Na verdade, estão mais em sintonia aqui do que quando estavam na Terra.

Clara sabia por quê.

– Ele é um homem bom, mas eu não o amei. Ele também não me amou. Eu tinha 14 anos. Ele tinha 35. Eu queria sair de casa e ele queria alguém para cuidar dele. Quando eu tinha 14, ainda nem sabia o que era amar. Eu soube depois, quando já era tarde demais.

Clara estava deprimida, e então decidi interrompê-la antes que as coisas piorassem. A depressão aqui tem o mesmo efeito que provoca na Terra: ela deixa a pessoa paralisada.

Perguntei se ela gostaria de ir ao cinema. Nós iríamos ver um filme que eu tinha certeza de que prenderia sua atenção. Era o filme de sua vida. Ele começava antes de seu nascimento, quando ela e seus guias estavam decidindo se ela devia encarnar novamente na esfera terrestre.

Com um pouco de medo e ansiedade ela concordou, e então a primeira cena apareceu. Não tinha nada de cortinas se abrindo, luzes se apagando ou aquele barulho do projetor funcionando. Sua história estava lá, ao vivo, à nossa frente.

Uma mulher bela e jovem apareceu. Ela era linda: tinha um rosto com traços agradáveis, seus cabelos eram louros, na altura dos ombros, e muito bem arrumados. Clara assustou-se. Ela havia reconhecido a mulher.

– Sou eu, não é?

– Sim, essa mulher era você em sua encarnação anterior. Você se lembra?

– Foi na Noruega, no século XVIII. Sim, eu me lembro. Morri nova, por volta dos 35 anos. Minha família era rica e poderosa. Eu era casada com um homem de uma outra família muito rica. Novamente, foi um casamento de conveniências. Nossos pais eram sócios. Eles queriam manter o dinheiro na família.

Clara olhou para aquela norueguesa alta e atraente com tristeza, e então suspirou:

– Outra vida desperdiçada!

– Por ora, vamos ver o que está por trás disso tudo. Sua última encarnação foi importante para você. Vamos deixar o filme contar a história.

Eu queria animá-la, afastá-la da depressão, mas ali estava ela, atolada na lama da solidão.

A seguir, nós a vimos com seus guias. Eles estavam conversando sobre seu espírito e suas encarnações passadas. Desde sua criação, Clara havia tido muitos nascimentos.

Um homem de negócios bem-sucedido em Veneza, na Itália, que se chamava Giovanni Petrucci. Ele foi um membro vital de sua comunidade, contribuindo para o comércio e a cultura de sua cidade. O espírito estava em uma missão de desenvolvimento: melhorar a vida na Terra de modo que a esfera terrestre pudesse aceitar e abrigar mais espíritos encarnando lá.

A cena então mudou para um jovem casal que estava em prantos por causa da morte de seu bebê recém-nascido. Clara era aquele bebê, encarnada por um período muito breve para ensinar aos outros dois espíritos uma lição de amor e de perda.

E assim continuou uma interminável cadeia de nascimentos e mortes. Ela encarnava tanto para ensinar quanto para aprender. Durante uma encarnação, ela foi um príncipe; em uma outra, ela foi um soldado que perdeu a vida em uma batalha há muito tempo esquecida.

A seguir, nós a vimos logo após sua encarnação na Noruega e antes de sua encarnação na Pensilvânia. O espírito estava questionando sobre as vidas anteriores, já cansado do ciclo de mortes e nascimentos.

Depois de uma vida na Noruega, Clara havia atingido um ponto de sua jornada em que ela estava aberta à luz vinda de seus guias e professores. Inconformada, ela perguntou por que eles mesmos não encarnavam na Terra.

Um dos guias mais novos respondeu com o brilho de sua aura e sua alta vibração. Era sua primeira missão e ele estava ansioso para ajudar.

– Eu já estive lá muitas vezes. Agora tenho essa nova missão. Eu não sei por quanto tempo estarei fazendo isso. Como você, também estou aprendendo. Se você evolui, eu também evoluo. Para falar a verdade, até o Criador evolui. Nós somos parte de uma mesma coisa porque viemos de uma mesma coisa. Deixe-me ajudá-la ao longo de seu caminho. Você me deixa fazer isso?

Clara disse que sim. Ela acrescentou que estava consciente de que após cada encarnação seu espírito tinha mudado.

– Só há um problema – disse ela. – Quanto mais eu aprendo, mais tenho certeza de que existe muito mais para aprender.

– Excelente! – tornou um de seus guias. Ele estava com ela desde sua primeira encarnação. Esfregou as mãos feliz de ver que um de seus pupilos estava descobrindo a verdade.

– Isso é maravilhoso. É muito bom.

O guia mais velho sorriu.

– Suas vibrações estão sintonizando as luzes mais altas, mais puras, e as lições da carne estão sendo aprendidas. Você diz isso porque seu espírito está sendo purgado da obstinação, do orgulho, da arrogância e do egoísmo.

– É por isso que estou aqui – completou o mais novo. – Você agora está pronta para ouvir e aprender a partir de um outro nível.

Ela assistiu ao filme atentamente, revivendo as cenas. Estava assistindo à mulher norueguesa quando perguntou:

– Isso quer dizer que posso ficar aqui agora? Que não preciso voltar para o plano da Terra?

O guia mais jovem respondeu:

– Vamos dar uma olhada na estrada que você percorreu até agora. Uma vez você se prontificou a viver por um curto tempo. Você morreu como um recém-nascido. Foi uma missão de sacrifício; você nasceu para que outros pudessem crescer. Durante outra encarnação você nasceu dentro da realeza e viveu uma vida privilegiada. Todos os nossos caminhos e jornadas se unem em um só. Você aprendeu as lições daquela vida quando não acreditou que era melhor do que os outros. Você usou seu tempo livre para observar e apreciar o mundo em que viveu. Existe um conceito errôneo que afirma que apenas por meio da miséria e da dor nós podemos entrar no chamado Reino dos Céus. Na verdade existem muitos caminhos, muitas estradas e muitas voltas.

Seu guia mais velho continuou a narrar a história de outra encarnação:

– Depois, você nasceu em uma pobre família de trabalhadores. Um outro caminho, uma outra estrada, uma volta diferente, e, como sempre, havia uma razão. Não a tola noção que algumas pessoas têm sobre o carma e a reencarnação, aquela que diz que se você nasceu rico em uma encarnação será pobre na outra. Você se lembra por que escolheu aquela vida? Era para desenvolver sua autoconfiança. Você queria confiar em seu próprio julgamento e desenvolver o livre-arbítrio. Durante aquela encarnação você fez quase tudo por conta própria e superou as grandes dificuldades de seu nascimento.

Clara virou-se para mim. Com um sorriso no rosto, ela disse ter entendido.

– Sim, está tudo aí. As diferentes vidas, as possibilidades e as circunstâncias. Como uma vida dá forma e molda a próxima.

– Você está muito certa, Clara.

Enquanto continuávamos conversando e assistindo ao filme, o guia mais novo e o mais velho chegaram. Eles ficaram de pé ao nosso lado, e Clara estava feliz por vê-los.

Embora 70 anos terrestres houvessem passado desde que eles se haviam encontrado, parecia que eles tinham se visto apenas alguns momentos atrás.

– É um prazer revê-la. Estou vendo que seu amigo Bob a está ajudando a se reajustar após sua última viagem à Terra. A propósito, como vão as coisas por lá?

Ela sacudiu os ombros e disse que as coisas na Terra mudavam por fora, mas basicamente continuavam do mesmo jeito por dentro. O homem mais velho concordou. Ele sugeriu que voltássemos nossa atenção para o filme.

A mulher norueguesa estava prestes a entrar em desespero, pedindo para ficar nesta esfera.

– Sei que tenho muito que aprender. Estou certa de que existem mistérios que ainda desconheço. Mas por que preciso voltar? Em uma outra vida morri para ajudar duas almas. Depois, estudei com os melhores professores da Terra, e em outra vida aprendi a confiar em meus próprios sentimentos, julgamentos e recursos. Meu espírito tem evoluído constantemente ao longo do tempo.

Clara, eu e os dois guias estávamos assistindo atentamente ao filme e nós quatro sabíamos qual seria a próxima cena. No filme, o silêncio da cena foi interrompido por seu guia mais novo.

– Deste lado da vida, nós aprendemos as razões e podemos responder os muitos porquês. Quando um espírito atingir a luz, ele poderá ficar aqui. De nosso lado, como do lado terrestre, existe trabalho a ser feito. Cada esfera, cada nível de existência tem seu lugar especial na criação.

A dama da Noruega olhou para seu jovem guia. Ele era bonito, tinha cabelos pretos encaracolados, um rosto arredondado e infantil. Ela disse:

– Eu sei tudo isso. Também sei que existe muito mais para aprender. Quero conhecer tudo que este mundo pode me ensinar.

Ela respirou fundo e continuou:

– Infelizmente, algo está faltando dentro de mim. Tenho um vazio em minha alma.

Ela parou por um momento, esperando que algum de seus guias a fizesse continuar. Mas nenhum fez isso.

No filme, podíamos ver sua luta interior. Esta é a verdadeira "guerra santa" a que o Alcorão se refere: uma guerra pela alma, pela luz, uma luta pela verdade total.

– Compaixão. Eu nunca aprendi o que é compaixão. Conheço, mas não sinto. Isso é o que está faltando. Tenho um vazio que precisa ser preenchido.

O homem mais velho falou, com sua voz rouca cheia de delicadeza e compreensão.

– Para ver a criação em você mesma, precisa vê-la em outros. Compaixão abre as portas da alma do próximo, assim como abre as nossas para a luz divina.

O guia de cabelos escuros acrescentou:

– Deste lado você pode aprender e compreender o que é compaixão. Isso você já fez, pois reconhece que lhe falta esse sentimento. Contudo, existe apenas um lugar onde você pode começar a ser a compassiva... e você sabe onde fica esse lugar.

A mulher ficou desapontada. Ela sabia que eles estavam certos. Poderia, se quisesse, continuar suas lições e jornadas deste lado. Ela, como todos nós, poderia exercer sua vontade. Ninguém disse que ela deveria voltar; ninguém a iria forçar.

Mas ela suspirou e aceitou essa dura tarefa. Ela sabia que estaria de volta à escola terrestre.

A cena ficou embaraçada e rapidamente uma nova apareceu. Ela, junto a seus guias, estava olhando os arquivos de suas vidas, cuidadosamente observando e estudando cada uma delas. Em breve, eles estariam preparando uma nova encarnação, onde a jovem norueguesa loura se tornaria Clara, a obesa viúva italiana de uma cidadezinha da Pensilvânia.

Uma vida de solidão, de dor e sofrimentos seria escrita. O sofrimento seria emocional. A dor física e a solidão dariam a ela o tempo e o espaço para refletir.

Empatia e compaixão não são fáceis de aprender. E são apenas dois passos no caminho eterno.

Ernst Luber Estava Apenas Seguindo Ordens

Ele ainda estava no abismo profundo e silencioso: o vácuo negro no qual havia chegado. Em todo o Universo, a única presença que ele sentia era a sua. Na Terra, acreditava na vida após a morte, como um louco pesadelo wagneriano produzido pela megalomania nazista.

Sabia que havia sobrevivido a seu suicídio, mas os deuses teutônicos não estavam ali para cumprimentá-lo. Ele estava confuso, com raiva e frustrado. Essa não era a vida após a morte que Ernst Luber estava esperando.

Meu trabalho não seria fácil. O amor de Deus brilha dentro de cada sombra da criação, e minha missão era a de levar luz para aquela alma miserável e sofredora. Mas eu não conseguia sentir nem um pouco de compaixão por esse espírito.

Ele era um homem com aparência comum e inexpressiva. Aparentava meia-idade, com mais ou menos 1,80 metro de altura, e seu corpo já estava enfraquecido. Seu rosto era longo, fino e chupado e não possuía a força que eu imaginava. Seus lábios eram finos, seus olhos castanho-claros eram pequenos e redondos. Tudo isso encimado por uma interminável testa, pois seus cabelos eram bastante ralos na frente.

Esse era Ernst Luber, o monstro, o criminoso de guerra, o assassino? Talvez esse fosse o modo de o Universo nos mostrar que o mal podia vestir qualquer máscara. No caso de Luber, o mal estava disfarçado de vendedor de sapatos.

Enquanto eu refletia sobre tudo isso, Ernst percebeu minha presença.

Não cheguei com um coral de anjos, com carruagens de fogo ou no meio de luzes ofuscantes. Simplesmente apareci ao lado dele de jeans velhos e com uma camisa xadrez azul. Nós, na verdade, não nos vestimos por aqui, mas esse é o jeito como eu geralmente recebo alguém que acabou de chegar.

– Bem, finalmente alguém chegou até mim. Já estava na hora. Sinto-me ofendido. Não estou acostumado a essa espera desrespeitosa. Vamos, vamos nos mexer. Sei onde estou e eu, Ernst Luber, estou pronto para seguir meu caminho.

Sua força estava na voz: profunda, dominadora e arrogante. Ele não falava usando sentenças, mas frases curtas. Sua voz parecia apunhalar cada palavra que saía.

– Ir para onde?

Essa era uma pergunta simples e francamente com duplo sentido.

– Você não sabe? Você é quem vai me levar, não é?

Aquilo não era uma pergunta, era uma ordem. Encolhendo os ombros, eu disse a ele que não estava lá para levá-lo a nenhum lugar. Eu estava lá para ficar ao lado dele. Bem simples, ou pelos menos eu achava que sim.

Ele não aceitou. Ernst queria ser carregado pelos céus em uma gloriosa chama vermelha. Queria também que seus feitos heroicos fossem proclamados no paraíso. Ele realmente acreditava que isso iria acontecer, uma vez que ele havia se dedicado à sua causa e achava justa essa recompensa.

Os ideais ainda são ideais, e esse sujeito era alguém que realmente acreditava neles. Porém, as valquírias não iam chegar para transportá-lo a um paraíso nazista.

Ernst ficou com o rosto vermelho de raiva, e as veias de seu pescoço saltaram. Ele então gritou:

– Para onde vou? Quem verei? Já fiquei aqui o tempo suficiente. Onde estão meus camaradas? Preciso juntar-me a eles. Ainda há trabalho a ser feito.

– Seus camaradas estão aqui, mas não pode vê-los agora. Você está certo, há muito trabalho a ser feito. Mas pare de reclamar sobre a espera. Você não está esperando há tanto tempo assim. Pareceu uma eternidade, não é? Logo vai descobrir que o tempo aqui não existe, como não existe o espaço. O aqui e o ali, os prazos, a correria e os horários... Tudo acabou, Ernst, tudo nem começou.

– Por que você usa essas charadas? Suas frases se contradizem. Diga logo o que está querendo dizer.

Esse era seu jeito de pedir para que eu ficasse. Enquanto ele continuava com aquela conversa fiada sobre seus companheiros, tive uma ideia.

– Deixe-me mostrar-lhe algo.

Imediatamente ele ficou encoberto por uma luz branca e pura, por uma vibração sagrada e calma. Em menos de um segundo seu espírito ficou unido ao todo, ligado às verdades que ele ainda desconhecia. Por menos de um segundo, a verdade, o amor e a compreensão removeram a fria escuridão e trouxeram a confortadora graça de Deus. Brilhantes luzes giravam, porque éramos parte do amor, da harmonia e da paz de Deus.

Em um piscar de olhos, aquela vibração desapareceu e ele voltou para o mundo das sombras. A fração de segundo com o Criador tinha ido embora.

– Aquilo é seu, Ernst, e será de todos nós algum dia.

O espírito me encarou e vi um sorriso se formando em um canto de sua boca. Seus olhos me transpassaram, tentando descobrir alguma coisa mais.

Eu sabia o que estava acontecendo: ele estava me avaliando. Quando na Terra, Ernst era um mestre em manipulação. Até então ele não tivera razões para deixar seus velhos hábitos para trás.

Como eu havia pensado, ele se tornou dócil, conciliador, conspirador. Sussurrou:

– Onde é aquele lugar? Você o mostrou para mim. Você tem o poder, leve-me para lá agora. Você realmente deve ser um deus. Deposito toda a confiança em você. Leve-me para esse lugar de descanso e justiça. Eu mereço, depois da grande batalha na qual lutei.

Eu disse a ele que eu não tinha nenhum poder, que eu não era um deus, que era simplesmente um fazendeiro do Kansas. Eu não criei aquilo que ele havia vivido alguns momentos atrás. Eu não fazia feitiços e não invoquei nenhuma divindade.

– Ernst – acrescentei –, você não pode se unir ao poder que acabou de sentir. Agora não. Apenas por um breve momento você teve o privilégio de sentir a harmonia de Deus, para saber que ele existe. Está dentro de você e ao seu redor. Você é parte dele. Todos nós somos. Mas você se esqueceu dessa fonte. Por isso, por enquanto não lhe é possível senti-la. A vibração de Deus é elevada e leve. Já sua vibração, Ernst, é baixa e pesada. Isso sim é o inferno: saber que existe uma vibração tão maravilhosa, perfeita e harmoniosa, que é a união com Deus, e que isso no momento está fora de seu alcance.

O nazista de botas negras estava confuso. Pela primeira vez vi um pouco de dúvida em seu rosto. Ele havia visto, mas não entendia. Ele havia sentido a felicidade de criação, e o vazio em que havia mergulhado pareceu-lhe maior e mais profundo. Em um piscar de olhos, sua alma havia se reunido ao Criador. Mas, tão rapidamente como ela se uniu, ela se separou.

Ele sabia que esse poder não podia ser manipulado, chantageado ou enganado.

– Você me disse que estou no inferno. Por quê? Não fiz nada de errado.

– Você está no inferno. Não no tipo de inferno que ensinaram a você. Em vez de chamas famintas que comem sua carne, você tem um vazio que mastiga sua alma. Isso não é um inferno? Mas você não precisa ficar aí para sempre. Só se você quiser. A escolha é sua. O paraíso não está em cima ou embaixo, à direita ou à esquerda. Para falar a verdade, tudo o que lhe foi ensinado sobre o paraíso está errado: não há anjos, harpas ou roupas esvoaçando. Pode também esquecer a valhala e as valquírias que cantam; o paraíso não tem nada a ver com ópera melodramática. O paraíso é a conquista de um estado interior de paz e harmonia, é tão tranquilo que eu nem consigo descrever. Você sentiu isso, alguns momentos atrás, meu amigo. Ela está em volta de você. Mas por enquanto isso lhe é negado. Não sou um santo, um deus, uma pessoa sagrada. Sou um espírito, assim como você. Tenho uma missão a cumprir, assim como você. Meu tempo na Terra já terminou e meu trabalho é com você agora.

Esperei pelas perguntas. Não houve nenhuma.

Esperei pelas objeções. Não houve nenhuma.

Esperei pelos comentários. Não houve nenhum.

Continuei.

– Você disse que não fez nada de errado. Bom, aposto que o que você fez vai ser muito debatido na Terra. E posso lhe garantir que a maioria das pessoas não vai concordar com você. Eles vão dizer que o que você fez foi hediondo, deplorável e desprezível. Seu nome vai ser sinônimo de assassino, terror, tortura e derramamento de sangue. Contudo, isso é lá na Terra, não aqui.

Ele sorriu.

– Entendo. Eu sabia disso o tempo todo. Não fiz nada de errado. Tudo que eu queria era liberdade para meu país, meu amigo. O destino do povo ariano é o de unir, governar e colocar ordem no caos. É a sobrevivência dos mais fortes. Nós estávamos certos e estaremos certos sempre. Não fomos compreendidos, fomos ridicularizados e perseguidos por causa de nossos ideais, mas o mundo, no fundo, sabia que estávamos certos. As gerações futuras verão a pureza de nossos dias. Sim, tivemos de tomar atitudes drásticas, mas tivemos a coragem de fazer o que outros só sussurravam. Matamos os mais velhos, os fracos, os aleijados e aqueles com deficiências mentais. É melhor aliviar o sofrimento deles do que os ver acabar com os recursos da nação. Nós matamos os homossexuais, que pervertem os mandamentos do Todo-Poderoso. Matamos os ciganos, que não se apegam a nenhuma bandeira, e os judeus, a maldição da humanidade. Eles mataram Cristo, corrompem os que são decentes e, como ratos, consomem os recursos de todas as nações. Quem é você para me dizer que não estou pronto para continuar? Você não é nada, a não ser um pobre fazendeiro americano. Ah! O que você conseguiu realizar em sua vida? Você chegou a organizar o povo, uma nação ou um continente? Você lutou por algum sonho ou morreu por algum princípio? Besteira, eu vou para a frente. É meu direito. Já cumpri meu dever!

Nada daquilo foi surpresa. Era mais ou menos o que eu esperava de Herr Luber, o Nazista. Tentei não perder a paciência quando respondi.

– Eu não o estou julgando ou acusando. Pode ir. Você é livre para tomar suas decisões. No momento há apenas dois caminhos: você pode encontrar seus velhos camaradas. Acho que eles têm um desfile programado para hoje. Muitos ainda estão em sua vibração. Você se sentirá em casa com eles. Ou você pode ficar aqui. Ernst, você não tem outras escolhas.

Tendo conseguido despertar a atenção dele, continuei:

– Lembra-se daquele breve momento de paz, amor e perfeição que você sentiu alguns momentos atrás? Você não vai encontrar isso nem aqui nem com seus camaradas. No momento você só tem essas duas escolhas. Em nenhuma delas você vai encontrar aquela vibração. Ela é para quando você estiver pronto. Hoje você recebeu um presente: vislumbrou a luz que espera cada um de nós. O tempo que vai levar para alcançá-la depende de você. A escolha é sua. Em sua vibração a decisão se torna difícil, mas estou aqui para ajudar, se você desejar.

Ele fez bico, como um garotinho mimado.

– Mas você disse que não fiz nada de errado. Lá na Terra eles irão acabar com minha imagem. Bando de fracotes. Eu não me importo com o que eles falam de mim. Você disse que o que fiz não tem importância aqui. Deixe as coisas claras. Quem está certo: os fracotes da Terra ou eu?

Eu rezei em silêncio. Pedi a Deus para me iluminar para que eu pudesse dizer as palavras certas. Minha missão era a de ajudar esse espírito, mas eu ainda não conseguia sentir nada por ele.

– Ernst, eu nunca disse que suas ações na Terra não significavam nada aqui. Eu somente disse que os julgamentos da Terra não têm significado aqui. Mas na Terra, bem, lá é uma outra história. Lá, o julgamento e a justiça trazem ordem ao caos. Os julgamentos ajudam as almas terrestres a determinar fronteiras e limites para que possam viver. A Terra desenvolve sua moralidade desse modo. Você disse não ter feito nada de errado. Podemos discutir isso mais tarde, mas agora isso é irrelevante.

Ele reagiu quando ouviu a palavra "irrelevante", e estava prestes a levantar o tom de voz e gritar comigo. Com um gesto de mão, pedi a ele para se acalmar por um minuto. Eu queria lhe explicar algumas verdades e precisava de sua paciência.

– O que quero lhe contar é simples, porém confuso para almas terrestres. Escute com cuidado o que tenho a lhe dizer. O nome Ernst Luber estará ligado a ódio, preconceito e tirania por vários séculos, assim como o nome de seu líder, Adolf Hitler. Você não somente levou adiante as ordens dele para matar, como também as aperfeiçoou. Um raio de desespero e escuridão surgiu de sua alma e cobriu todos os cantos da Europa. Você precisa entender isso. Está na hora de você escutar e ouvir não as ordens para semear ódio, matança e destruição. Você precisa ouvir sua alma. O raio de escuridão apagou sua luz.

Ele estava prestando atenção. Então continuei.

– Não foi um acidente o fato de você ter encarnado onde e quando você nasceu. Antes de ter nascido, você traçou seu caminho com seus guias e professores, e fez um contrato com você mesmo, com seu carma e com seu destino. Então você encarnou e os acontecimentos de sua vida ocorreram. O Holocausto era para ocorrer, pois nada acontece por acaso. Tudo faz parte do plano de desenvolvimento e de evolução do Universo.

Ernst disse irônico:

– Por que você está desperdiçando meu tempo com essa conversa? Está vendo? Eu não fiz nada de errado. Você acabou de dizer que eu segui um plano divino, ordens que me foram passadas antes que eu nascesse. Então fui um instrumento de Deus. Não sou responsável.

Foi minha vez de ser irônico:

– Você tem uma mente manipuladora e muito criativa, Herr Luber. Por favor, lembre-se do que eu lhe disse: a interpretação da verdade pode levar a perigosas conclusões. Bem, vamos continuar.

Ele continuava a manter seu ar presunçoso. Eu comecei a rezar em silêncio.

– Deus, dai-me a paciência e a compaixão de que necessito para ajudar essa alma, porque neste momento tudo que eu queria era dar-lhe um soco.

Controlei minha impaciência e prossegui:

– Quando você estiver pronto, e ainda não está, olhará seu passado. Fará isso com seus guias e professores. Por enquanto, vamos falar desse negócio de certo e errado.

Esfregando minhas mãos, eu andava de lá para cá na frente dele. Precisava fazer isso, porque o que iria explicar era muito importante.

– Você diz que não é responsável por suas ações, visto que você fazia parte de um plano divino. Se houvesse só um pouquinho de verdade no que você diz, nossas vidas não teriam nenhum significado. Seríamos como robôs, destituídos e absolvidos de qualquer responsabilidade. Sim, Ernst, vocês nazistas eram para existir. Vocês foram a consequência do ódio, preconceito, agressão e violência que fazem parte da vibração terrestre. A sombra que vocês provocaram era uma consequência das atitudes humanas, e tinha de acontecer.

Ernst tentou me interromper. Ele estava pronto para dizer algo como: "Viu, eu não disse?". Meu gesto com a mão o fez se calar.

– Talvez você pergunte como pode a morte de milhões de pessoas ser parte de um plano divino. Olhe para a Terra. Como o Universo, a Terra também está constantemente evoluindo. A própria natureza destrói e depois cria e transforma. A época em que você viveu na Terra foi um marco no desenvolvimento da humanidade. Das cinzas de seus crematórios crescerão novos códigos de moralidade, humanidade e fraternidade. Muitas de suas vítimas foram voluntariamente para sua bola de fogo, a fim de chocar a consciência coletiva da humanidade. A missão deles, o carma deles, era passar fome em seus imundos campos de concentração, morrer asfixiados em suas câmaras de gás e ser queimados em seus fornos, para que dessa forma a esfera terrestre pudesse mover-se para o próximo estágio.

Conforme eu falava, ele via as enormes chaminés de Auschwitz, as chamas vermelho-alaranjadas iluminando uma noite de inverno coberta de neve. Ernst assistia às escuras cinzas humanas se misturarem com o branco da neve, caindo suavemente na terra congelada. Ele não demonstrava nenhuma emoção ao ouvir o fogo crepitar lá no fundo.

– Seu holocausto não foi o primeiro. Ao longo da história do mundo, a luz espiritual do gênero humano brilha depois que a humanidade despenca em um abismo. A evolução nunca é fácil. Alguns daqueles que se jogaram em suas covas o fizeram não para morrer, mas para liberar a humanidade. Seu holocausto mostrou às almas terrestres as consequências do ódio. Agora, quando eles veem um filme de uma criança inocente marchando para a morte, eles pensam em suas próprias crianças. Lentamente, através de um véu escuro, as almas terrestres começam a ver os laços eternos que ligam uns aos outros. Já passaram as noites vermelho-alaranjadas de Auschwitz, foram trocadas por profundas covas acinzentadas com corpos apodrecendo.

Ernst continuou me olhando e ouvindo o que eu falava, mas não demonstrando nenhum interesse ou emoção.

– Haverá mais massacres e mais assassinatos antes de a Terra entrar em sua nova era. Esses novos holocaustos são parte do plano. A Terra não pode se desenvolver de outro modo. Para eliminar as vibrações inferiores, estas precisam ser erguidas das entranhas da Terra e murchar sob a luz do sol. Portanto, meu irmão Ernst, o genocídio do qual você fez parte tinha de acontecer. Contudo, você é responsável por suas escolhas e tem de prestar contas de suas ações.

Como se não tivesse ouvido nem uma palavra do que eu tinha dito, Ernst gritou:

– Não perca tempo. Se o que você está me dizendo é verdade, eu fiz parte do plano divino para purificar a Terra. Portanto, eu deveria receber o mesmo crédito daqueles que pularam nas covas pela libertação da humanidade.

Sua voz forte e dominadora era cheia de ácido e de sarcasmo. Ridicularizando-me, ele acrescentou:

– De acordo com o que você me disse, minhas vítimas e eu cumprimos nossos papéis muito bem.

Eu sabia que minha missão com Ernst não era um acidente. Compreensão e compaixão não eram meu forte e, com ele, eu estava sendo testado até meu limite.

– Você, eu e todos os espíritos da criação temos o livre-arbítro. Nós fazemos escolhas e por meio delas encontramos o caminho de volta para o início, a unidade com a Criação. Ernst, foi proposital sua encarnação na Alemanha nazista. E, enquanto vivo, você fez escolhas que o levaram às ações. Essas ações trouxeram seu carma. Em qualquer ponto, você poderia ter escolhido uma outra estrada. Em vez de colaborar, você poderia ter resistido. Em vez de provocar dor, você poderia tê-la aliviado. Você até poderia ter escolhido não fazer absolutamente nada. Você nasceu naquele tempo e naquele lugar porque aquela era uma época de escolhas claras e sua evolução espiritual havia atingido um ponto em que seria possível você exercer seu livre-arbítrio. Você fez suas escolhas livremente, assim como eu. Neste momento eu poderia deixá-lo para trás. Em breve, um outro guia virá e, se ele for mais paciente e iluminado do que eu, você poderá encontrar seu caminho. Mas neste momento e neste local, eu devo ficar com você. Eu sei disso e escolho ficar.

Eu estava pronto para terminar meu serviço e deixá-lo pensando no que eu tinha dito, quando uma nova presença apareceu. Era um de seus guias. Era uma mulher, e interveio:

– Ele está certo, você sabia?

Virando-se para mim, ela perguntou se podia tomar meu lugar. Grato e aliviado, concordei. Apresentei-a a Ernst. Ele estava totalmente indiferente diante da pequena e gorda mulher que sorria à sua frente.

– Você está aqui para apoiar o que ele disse? Está bem, então vamos continuar, por favor. Assim eu posso tentar entender toda essa é baboseira.

– É por isso que estamos aqui, Ernst. Sei que você não vai se lembrar de tudo que vou lhe contar. Quando for a hora, repassaremos tudo de novo. Agora escute.

Ernst concordou com um grunhido. Ela continuou.

– Na Alemanha foi sua primeira encarnação na vibração terrestre. Você já havia vivido diversas vezes em outros mundos mais violentos. Você evoluiu e ficou pronto para prosseguir. Suas vibrações estavam em sintonia com as da Europa. Sabíamos o que sua alma tinha de aprender. Suas vibrações o levaram à sua encarnação naquele local e época. Seu espírito estava em um nível básico e importante de desenvolvimento. Durante essa primeira encarnação na Terra você iria aprender a usar seu livre-arbítrio. Era um presente por seu progresso.

Irritado, o oficial da SS explodiu de raiva.

– Isso é uma grande besteira. Se eu tivesse escolha, e tivesse feito algo diferente, o império que ajudei a construir nunca teria existido. Eu não era um mero sargento na Alemanha, se você quer saber. Eu sou Ernst Luber e construí o Terceiro Reich com Hitler. Se não estivesse lá, nada teria acontecido.

Seu guia o ignorou e continuou a falar:

– Com ou sem você, o Terceiro Reich teria existido. Talvez tivesse tomado uma outra forma, mas o resultado teria sido o mesmo. Todavia, você tinha se formado para entrar no plano terrestre. Você ganhou o presente do livre-arbítrio e nenhuma vida é sem significado por causa desse presente.

A mulher repetiu várias vezes o que eu já lhe dissera: que ele havia nascido na hora certa, no local adequado, dentro dos acontecimentos programados. Mas era livre para suas escolhas e ações.

– Está vendo, Ernst? Você não pode ser responsável por aquilo que não está sob seu controle. Mas é totalmente responsável por suas escolhas e colherá os resultados delas.

Ele não respondeu. Não estava arrependido, não sentia nem um pouco de remorso. Estava simplesmente esperando para ouvir mais.

Diante disso, perguntei quais as atitudes pelas quais ele se sentia totalmente responsável.

– A tortura e a morte dos judeus, dos velhos e dos fracos. Todos aqueles que despachei em razão de meus ideais.

Seu guia perguntou se ele realmente acreditava naquilo.

– Claro que não, sua tonta. Eu sabia que essa era a resposta que vocês queriam, então eu disse.

Como eu tinha dito, a morte não muda a personalidade de uma pessoa.

Ela interveio:

– Bem, você foi parte do Holocausto e vai ter de lidar com isso. Seu desejo por poder, sadismo e morte são cargas negativas em sua vibração, carma e espírito, não tenho dúvidas quanto a isso. E tem mais, Ernst...

Ela parou propositadamente por alguns segundos e depois disse a ele e, no entanto, havia algo bem mais sério do que aquilo.

– Você abusou de seu livre-arbítrio e criou um carma que terá de se cumprir. Lembre-se do que foi explicado sobre causa e efeito. Você foi a faísca que deu origem às chamas de sofrimento. Você ajudou a causar o Holocausto. Por outro lado, você não percebeu que as forças que você libertou se viraram contra você. Você escolheu o suicídio. Você cortou o fluxo da vida. O suicídio nunca é o destino de um espírito.

Eu me juntei a ela, dizendo que ele deixou a esfera terrestre antes de haver esgotado seu tempo, o que lhe permitiria modificar seu carma.

– Você, por escolha própria, alterou seu destino. Agora o ciclo precisa recomeçar. Precisa enfrentar esse desafio, Ernst. Você vai tomar consciência dos resultados de suas ações.

Nós então o deixamos sozinho no vazio negro, com seus pensamentos e as lembranças daquela fração de segundo de paz, amor e harmonia perfeita que ele havia visualizado.

Ele ficou lá por um bom tempo. Como ponto positivo, ele nunca procurou seus camaradas e jamais voltou a marchar em outro desfile militar.

Maryanne e o Show da Vida

Com o passar do tempo, Maryanne ficou impaciente.

– E então, o que é que vai acontecer agora?

Em pé, com os braços cruzados de encontro ao peito, ela estava ansiosa para começar algo novo.

– Onde está o Menino Jesus, e todas aquelas coisas sobre o Rio Jordão, Bob? Você está escondendo algo de mim?

Ela estava brincando, mas até que o Rio Jordão era um bom começo.

– Tudo bem, hoje vamos tentar atravessar aquele rio.

Isso era algo bem ambicioso para ser dito em um bate-papo informal, mas eu achava que ela estava preparada.

Iríamos conversar sobre o darma, uma parte da doutrina budista, e como ele se liga ao carma. Nunca gostei dessas duas palavras, primeiro porque elas soam de um modo estranho para nós. Segundo, porque tais palavras viraram estereótipos. A primeira imagem que vem à mente das pessoas são monges tibetanos em fila, vestindo robes carmim, cantando e rezando, no meio da fumaça exalada dos incensos adocicados.

Lendo meus pensamentos, Maryanne riu. Ela viu os monges também.

– Maryanne, quando você entender o que é carma e darma, iremos conversar sobre reencarnação. Então você terá uma visão completa disso tudo à sua frente. Portanto, deixe os monges recitarem. Eles sabem exatamente o que estão fazendo.

A seguir, comecei a explicar-lhe sobre carma e darma.

– Vamos chamar o darma de Força A. Essa é nossa missão na vida. Simples, não é? O darma é o resultado de vibrações adquiridas durante várias encarnações. A soma dessas vibrações é o carma, ou Força B. Durante nossa jornada espiritual, nós agimos, tomamos decisões, julgamos e escolhemos. Construímos carma com outras almas também: ligações, dívidas, afinidades, gostos e desgostos.

– Entendi! Carma gera darma. Gostou dessa explicação?

Ambos rimos, pois, de um certo modo, ela estava certa. O tempo estava passando, então decidi continuar a explicação.

– Sei que você está cansada de ouvir isso, mas saiba que nós escolhemos a vida na qual nascemos. Cada alma tem sua própria vibração e é ela que determina a encarnação. Em cada encarnação, temos uma missão ou darma. Essa missão pode ser curar, ensinar, aprender ou viver nossa vida como um exemplo para os outros. O tipo de missão favorece a mudança do carma para melhor. Agora você está pronta para entender a resposta.

– Que resposta? Eu nem sei a pergunta!

– A pergunta que você tem feito desde que chegou aqui, com a qual você se tortura. Onde está a justiça?

– Já estava na hora!

– Quando estava na Terra, você nunca pensou sobre sua vida, não é?

– Pensar como? Eu estava muito ocupada tentando sobreviver no dia a dia.

– A maioria está. Você nunca teve a curiosidade de saber o que acontece quando seu coração para de bater ou quando você para de respirar?

– Não. Como eu disse, estava muito ocupada tentando sobreviver. Mas por que você está perguntando tudo isso? Eu sei onde estou agora. Estou viva, não morta. Foi só meu corpo que ficou para trás. Por que você está fazendo essas perguntas agora, se nós já falamos sobre isso?

– Estou apenas curioso.

– Bem, eu me lembro de minha avó, sempre tentando me levar para alguma igreja para eu rezar. Mas aquilo não significava nada para mim.

Concordei em parte, mas acrescentei que a religião tinha uma função. Todos, no final, acabam encontrando o caminho para casa e, nessa estrada, o viajante encontra muitas verdades.

– Muitos nunca pensam no que há por trás do que o padre, o rabino ou o pastor lhes disse. As pessoas são ensinadas a viver de acordo com certas regras: se você jogou bem, você vai para o céu; se não, você vai se encontrar com os caras de chifres e rabos. Mas isso não faz nenhum sentido. Não há justiça nisso.

Eu também disse que ela podia ver, por si mesma, que o jogo do céu e inferno não era verdadeiro.

Ela respondeu:

– Concordo com você, principalmente com a parte sobre justiça. A vida não foi justa para mim em Los Angeles. Por que para mim tudo deu errado, enquanto para os garotos ricos do outro lado da cidade tudo ia às mil maravilhas? Isso não faz a menor diferença. Vivi como um animal, mas e daí? No final, a gente acaba aqui, não é mesmo? Por que essas diferenças? Onde está a justiça?

Lembrei-lhe de que há um bom tempo ela tinha perguntado a mesma coisa.

– É verdade, mas você não me respondeu daquela vez. Agora você diz que vai responder. Então vamos logo com isso.

Eu estava sendo encurralado contra a parede. Respondi dizendo que iria explicar tudo a ela. Mas pedi-lhe que fosse paciente.

– Você vai saber todas as respostas, aos poucos.

Primeiro, lembrei-lhe das pessoas, na Terra, que não acreditavam em nada.

– Quando você está morto, você está morto! – eles dizem.

Ela disse conhecer muitos que acreditavam nisso.

– Sabe, se eles estivessem certos, e nós somos a prova viva de que eles não estão, não haveria lógica e justiça na vida. A vida de um homem rico e a vida de um homem pobre teriam o mesmo fim. Tudo acabou, é o fim, o sono eterno. A diferença da vida deles, a forma como eles viveram, nada disso teria significado algum – continuei.

– Acho que sei aonde você está querendo chegar. Continue.

Procurei voltar nossa atenção para aquelas pessoas que acreditam no céu e no inferno. Elas seguem as regras e conhecem todos os pecados. Evitam os pecados, rezam, vão à igreja e acreditam piamente que todos nós iremos nos encontrar na porta do paraíso.

– Como minha avó e suas amigas – ela completou.

– E não há justiça lá também – salientei.

Ela estava realmente me ouvindo, e eu tinha sua total atenção.

– O homem rico vive sua vida, forma sua família e faz o melhor que pode. O homem pobre faz o mesmo. Com uma exceção: a vida do pobre é mais difícil. Mas, de acordo com as senhoras que frequentam as igrejas, ambos vão para o céu. Isso é justo?

– É claro que não! – ela gritou com tal entusiasmo, como se estivéssemos em um daqueles encontros religiosos, e acrescentou: – Lá na Terra, existem muitos pregadores que falam bem, têm carrões, igrejas bonitas e roupas de grife. Todos dizem: “Venha por este caminho, porque este é o caminho certo. Não escute aquele cara do outro canal, meu caminho é o caminho de Jesus”. Todos pregam que Jesus vai mandar você para o inferno se não ouvir o que eles dizem.

Maryanne sabia que a Terra estava cheia de mentirosos, enganadores e ladrões. Contudo, os piores, em minha opinião, eram aqueles que usavam o nome de Jesus, Moisés, Maomé ou Buda para vender um modo de vida, uma crença ou uma opinião.

– Nem todos os pregadores são falsos e fingidos. Alguns realmente acreditam no que pregam, e isso é bom. Lembre-se: existem muitas estradas e diferentes verdades pelo caminho.

– Minha avó realmente acredita no Rio Jordão, no sangue de Jesus e em outras coisas como essas. Mas tudo isso é besteira, não é?

– As pessoas conseguem entender somente aquilo que estão preparadas para entender – respondi. – Paraíso, inferno, salvação, condenação, harpas, fogo e enxofre não são ideias que existem por acaso. As almas terrestres precisam de guias e mapas que indiquem seu caminho de casa.

Ainda respondendo à sua pergunta, continuei:

– As conversas sobre o céu e o inferno vêm dos ensinamentos do espírito de Jesus. Sim, ele existiu e ainda existe, assim como Buda, Maomé, Krishna, Moisés e tantos outros profetas e professores. Eles são espíritos divinos, como nós. Eles são almas de luz que foram à Terra em uma missão. Viveram para servir como guias, professores e pioneiros. Mas suas palavras, ensinamentos e vidas têm sido mal interpretadas. Lembra-se das palavras de Cristo, quando ele falou: "Há muitas moradas na casa de meu pai?".

Expliquei então o significado dessas palavras como eu as entendia:

– Deus é o Universo, e nesse Universo existem muitas mansões, onde os espíritos vivem. Cada mansão, ou nível, tem sua própria vibração e os espíritos vivem onde suas vibrações os levam. O nível terrestre é um desses mundos. A Terra é onde os espíritos aprendem, crescem e se desenvolvem. Cada mansão é simplesmente um nível diferente de vibração e de evolução.

A seguir, fiz com que ela se lembrasse do que Cristo falou sobre renascer, e ressaltei que tais palavras têm causado muitos mal-entendidos. Ele falou que quem não nascer da água e do espírito não poderá entrar no Reino de Deus. Uns dizem que Jesus estava falando do batismo. Outros dizem que ele estava falando de receber o Espírito Santo e renascer com uma nova fé. Ambos estão errados. O que o espírito de Cristo nos ensinou é que ninguém pode ver o Reino dos Céus sem nascer outra vez. Você lembra alguma coisa sobre suas aulas de biologia no Ensino Médio?

– Vou tentar – respondeu ela.

– Do que é feito aproximadamente 70% do corpo humano?

Ela pensou por alguns instantes. Então seus olhos brilharam e ela disse:

– De água!

– Foi isso o que ele quis dizer. Espírito renascendo no corpo. O renascimento não é uma punição, é uma expressão da perfeita ordem de Deus. Nenhum espírito é enviado para a condenação ou salvação eterna com base em apenas uma vida na Terra. Não há justiça nisso, mas há justiça na reencarnação. Não apenas em uma vida, mas em muitas. Não em uma única chance, mas em muitas. Não em uma só justiça, em um só destino.

Perguntei se ela gostaria de ser responsável pelo que ela fez quando tinha 6 anos de idade. Sem esperar por sua resposta, eu disse:

– É claro que você não gostaria. Ninguém gostaria. Quando ficamos mais velhos, adquirimos sabedoria, maturidade e conhecimento. Mas você e a garotinha de 6 anos são uma só. Conforme seu espírito viaja através de nascimentos e mortes, você é sempre a mesma individualidade e sempre será a mesma por toda a eternidade, só que com mais sabedoria. E aí é onde está a justiça, Maryanne. É onde está a equidade.

Ela sorriu e concordou. Maryanne estava em paz; ela havia encontrado sua justiça, afinal.

Carma e darma, é o show da vida. Nossa viagem para casa é muito simples, muito mais simples do que se possa imaginar.

Peter se Transforma em Jeff

Somos a soma de nosso passado e a promessa do futuro. Para a maioria, essa promessa é uma esperança, enquanto percorremos os diversos caminhos que conduzem a ela.

Assim era o caso de Peter. Ele iria na próxima encarnação tornar-se Jeff. Quando o encontrei como Peter, ele estava estudando sua próxima encarnação, escolhendo um novo caminho para atingir sua meta de um futuro melhor.

Estava em um quarto amplo, arejado, com janelas que davam para um grande jardim, repleto de vibrações provenientes de flores recém-desabrochadas. Uma forte luz dourada atravessava as janelas. Essa luz era mais suave que a luz do sol, porém com a mesma intensidade e brilho. O piso do quarto era de mármore branco e o teto era de madeira clara, com livros ajeitados corretamente em prateleiras de mogno.

O espírito estava sentado no meio de uma longa mesa de carvalho com pilhas de livros tanto de seu lado direito quanto de seu lado esquerdo. Ele estava concentrado em um livro e não percebeu minha chegada.

Peter era um espírito de nível avançado, um daqueles que já tinha viajado muito. Ele sabia que a Terra dava oportunidade a uma autoevolução e às descobertas, mas ele sabia também da obrigação de ajudar outros pelo caminho.

O livro que estava lendo era o livro de sua vida. Ele podia ler sem o auxílio de seus guias porque já estava em um nível de vibrações elevadas.

Imerso no livro, lembrou-se de tudo que ele, seus guias e mentores haviam traçado para sua última encarnação na Terra.

Imagens antigas de muitas de suas outras encarnações na Terra surgiam à sua frente. O lugar era a mesma biblioteca onde ele estava sentado agora, com a mesma luz delicada e clara atravessando as janelas do jardim. Com ele estava seu guia, Jacob, e sua professora, Ursula.

Ambos eram novos, e era a primeira vez que estavam trabalhando com ele. Ursula, um espírito bonito, com luz especial própria, falou primeiro:

– Jacob e eu achamos que você atingiu um importante estágio de desenvolvimento. O que você já conseguiu o trouxe para este nível e agora você está pronto para prosseguir.

Ele ficou feliz com aquelas palavras.

– Estamos aqui para ajudar – completou Jacob. – Você atingiu um novo nível de desenvolvimento, e estamos com você para guiá-lo em seu caminho.

Frequentemente espíritos atraem novos guias, conforme eles passam para outros níveis de evolução, porque em cada novo nível aparecem diferentes desafios, deveres e responsabilidades. Conforme nossa vibração aumenta, aumentam também as escolhas. Novos guias chegam com conhecimentos especiais para nos ajudar.

Ursula explicou tudo isso para ele e acrescentou que, como sempre, ele iria escolher suas novas provas, missões e responsabilidades. Lembrou-lhe que a escolha era livre e a responsabilidade era só dele.

Peter continuou a assistir àquelas cenas passarem, vendo suas vidas anteriores surgirem ao longo dos séculos nas páginas daquele livro. Ele viu a soma de seu passado e reconheceu como era a nova composição de seu espírito.

Do passado não muito distante, Jacob falou novamente:

– Você adquiriu importantes habilidades, como lógica, persuasão e comunicação. Seu espírito livrou-se de emoções terrestres negativas, como ciúme, medo, insegurança e ganância. Eles foram substituídos por amor, confiança, compaixão e compreensão. Você mudou.

Com certa melancolia, Peter, que em breve se tornaria Jeff, continuou a olhar para seu passado. Ele se lembrou da alegria que seu progresso lhe dera e como sua alma havia se enchido de esperança quando ele sonhava com o futuro. As páginas de seu livro viraram e sua história continuou.

Peter viu a si mesmo antes de sua última encarnação, com seus novos guias, discutindo com entusiasmo as possibilidades de progresso de sua alma.

– Eu realmente gostaria de voltar à Terra. Há tanto para ser feito lá, e tenho certeza de que posso ajudar outras almas a encontrar o caminho certo pelo labirinto. Sim, é isso o que sinto, isso é o que meus instintos me dizem que tenho de fazer.

Peter irradiava uma verdadeira luz brilhante. Conquistara sabedoria e queria levar seu conhecimento para o plano terrestre.

– Acredito que posso ajudar almas terrestres a enxergar o significado de suas vidas. Irei explicar essas verdades de um modo simples, fácil de entender. Posso facilitar o discernimento dos valores básicos e fazer com que as pessoas encontrem sua própria verdade. Vocês sabem como é... Quando as almas chegam aqui, elas estão confusas e não enxergam as oportunidades à sua volta. Quando na Terra, estão tão envolvidas com poder, competição, inveja e *status* que se enrolam e não conseguem encontrar uma saída da teia que elas próprias criaram. Eu posso ajudar, sei que posso.

Então, com a ajuda de Ursula e Jacob, ele planejou seu caminho. Escolheu uma missão em que ele poderia voltar à Terra e ajudar outras almas em sua trajetória. Seu nome seria Peter e ele nasceria em um tempo e em um lugar onde a revolução na comunicação estava para surgir.

– Vou pegar o elevador dessa revolução no andar térreo – disse.

Aquele tempo e lugar seria na Inglaterra, em 1919. Encarnando dentro de uma família amorosa e que o apoiasse, o espírito não teria nenhum problema para estudar e atingir suas metas profissionais.

Quando Peter estivesse com 30 anos, a Segunda Guerra Mundial já teria passado. Ele iria combater nessa guerra, aprendendo assim o sofrimento e o horror que os homens provocam a si mesmos. Lutando bravamente, ele ganharia reputação de um líder brilhante, trazendo glória e honra à Inglaterra.

Ele iria usar essa fama para iniciar sua carreira como escritor. A televisão estaria engatinhando; o rádio, no auge. Esses dois novos meios de comunicação seriam ferramentas para alcançar grandes massas de almas terrestres. Peter iria usar essas ferramentas e seu talento para espalhar as verdades da vida, da morte e da fraternidade universal.

Esse era o plano. Essa era a estrada que ele desenhou para si mesmo. Essas foram as responsabilidades que ele escolheu e os objetivos que ele desejava atingir.

De volta à biblioteca cheia de luz, observando a colorida harmonia de cores do jardim, Peter fechou seu livro.

Ele sabia que havia falhado. E, sentindo-se responsável pelo fracasso, esperava a cobrança.

Ao sentir minha presença, desviou seu olhar do jardim para mim.

– Olá, Bob. Como você está? É bom vê-lo por aqui.

Nós já éramos amigos há um bom tempo.

– Então você está de volta. Inglaterra... era lá onde você estava, não era? Fazia algum tempo que estava aqui, por isso não pude deixar de assistir à sua peça – tornei, apontando para o livro de sua vida.

O espírito suspirou, e a tristeza envolveu seu ser.

– Tantas esperanças. Eu realmente botei tudo a perder quando estive lá.

Nós éramos o que se poderia chamar de espíritos com as mesmas afinidades. Consequentemente, eu não estava ali como sua luz, professor ou guia. Eu estava apenas como seu amigo.

– Deixe disso! As coisas não podem ter sido tão ruins assim. Você não matou ninguém, não se culpe tanto. O que aconteceu?

Peter, que seria Jeff em breve, perguntou-me se eu me lembrava de como ele havia encarnado, com o objetivo de espalhar a palavra e abrir a porta entre os dois mundos. Com sarcasmo, ele parodiou as palavras que proferiu momentos antes de entrar no ventre de sua futura mãe terrestre:

– Vou iluminar o mundo com a verdade, e aqueles que me ouvirem irão abraçar uma nova causa.

Eu ri e disse que, pelo menos, ele iria ganhar uma nota dez por seu entusiasmo.

– O que eu deveria ganhar é um chute no traseiro por ser um idiota convencido – respondeu ele irônico.

Sempre gostei da capacidade que ele tinha de fazer piadas de si mesmo. E continuou:

– Eu estava realmente entusiasmado em minha última encarnação. Quando voltei aqui e vivi uma nova vibração, a vida não era mais tão misteriosa. Eu queria que todos vissem o que vi, sentissem o que senti e entendessem o que aprendi. Mas acabei me ferrando. Não apenas prejudiquei a mim mesmo, como também deixei de compartilhar meu conhecimento com muitas almas.

Ursula e Jacob chegaram, e esse seria o primeiro encontro deles com Peter, em mais de 50 anos terrestres.

Ursula cumprimentou-o. Sua aura brilhava com a luz do amor e da bondade. Eu sabia que ela era exatamente o que Peter precisava. Ela me pediu para ficar e, é claro, aceitei. Foi a primeira a falar, e, com a aura plena de compaixão, foi direto ao assunto.

– Bom, nós podemos perceber que você não está muito feliz. Está um pouco chateado, não é verdade? Culpando-se por não ter feito o que havia planejado. Você está certo. Não pode culpar ninguém a não ser você mesmo.

Ele murmurou algo, como querendo dizer que ela tinha razão, que ele já sabia tudo aquilo e o que ela queria com ele.

Jacob andou até o outro lado do quarto, ficou de pé ao lado da janela que dava para o jardim e então respondeu à sua pergunta.

Ele também deixou claro que não tinha tempo para ouvir besteiras.

– Não queremos nada de você, você já devia saber disso. Podemos ir embora e só voltar quando você não estiver mais perdendo seu tempo sentindo pena de si mesmo. Chame-nos quando estiver pronto.

Ficamos esperando uma resposta. Conhecendo bem Peter, achei que ele iria encolher os ombros, relaxar e pedir para seus guias ficarem.

E isso foi exatamente o que ele fez e disse:

– Tudo bem, vamos em frente. Eu já vi o filme de minha última encarnação. Eu sei onde me ferrei.

Conhecendo-o bem, eu também sabia que ele não tinha paciência para perder tempo com minúcias. Ursula e Jacob sabiam disso também.

Ursula, ainda com sua voz firme e severa, foi quem respondeu.

– Antes de irmos em frente, você precisa entender por que está aqui. Essa verdade não se aplica somente à nossa vibração, mas também à da Terra. Estamos presos ao carma, situações e ciclos que nunca terminam, porque não usamos o tempo para entender. Rodando, rodando sem parar, como um hamster em sua roda de exercícios, estamos sempre no mesmo lugar.

Jacob caminhou até onde Peter estava sentado e colocou a mão sobre seu ombro. Uma luz forte de tom violeta iluminou o espírito que em breve se tornaria Jeff.

– Você foi para a Terra com sonhos muito grandiosos e acabou se tornando vítima desses mesmos sonhos. O ego, o orgulho e a tentação o dominaram – disse Jacob.

"Nossa, já vi isso acontecer outras vezes", pensei.

– Ei, eu já sei disso tudo. Eu me ferrei. Estraguei tudo. Droga, como enche o saco voltar para as vibrações terrestres. Acho que vamos ter de fazer tudo outra vez, não é?

Peter era um espírito evoluído, mas evoluído não significa, necessariamente, calmo e reflexivo. Isso é uma boa notícia para vocês que pensam que os níveis mais elevados devem ser invariavelmente tão entediantes quanto uma palestra sobre macroeconomia.

Jacob riu. Ursula deu uma piscada de olhos. Peter era um encrenqueiro de mão cheia.

– Não seja tão melodramático – disse ela irritada. – Primeiro, você sabe perfeitamente que não dá para perder uma encarnação inteira. Você sempre aprende alguma coisa e sempre deixa uma semente. Depois, você fez um monte de gente rir com aquelas comédias que escreveu para o rádio e a televisão. Divertiu e aliviou o dia a dia das pessoas. Não há nada de errado nisso. Você realmente aprendeu a se comunicar com a massa, por intermédio de suas peças. Para fazer isso, você precisa ter empatia. E empatia significa compaixão, e compaixão nasce da compreensão.

Peter escutou em silêncio. Ele estava se julgando pelos padrões que havia definido para si mesmo. Ele não havia conseguido atingir esses padrões, mas sua encarnação não havia sido um fracasso total. Nenhuma é.

– Meu irmão – disse Jacob –, quando se comunica com a massa, você trabalha com muitos elementos diferentes. Sintoniza-se com a divindade que temos em comum, aprende a simplificar seus pensamentos de modo que um grande número de pessoas possa entendê-los. Não há nada de errado nisso também.

Peter, que em breve se tornaria Jeff, estava escutando atentamente cada palavra que eles diziam.

Ursula continuou o que Jacob havia começado:

– Mas existem dois lados na moeda. Quando você se prendeu à vibração da grande massa, sua própria identidade se apagou. Você assimilou tão bem o que o povo queria que acabou se esquecendo de quem você era e do trabalho que precisava fazer.

Ele olhou para mim e eu só pude balançar a cabeça, dizendo que concordava com seus guias. Eles estavam certos: Peter simplesmente havia perdido o rumo.

Quando ele finalmente falou, o que disse veio do fundo de sua alma.

– Eu sei. Escrevi o que as pessoas queriam ouvir, em vez de escrever o que eu sabia que eles deveriam ouvir. Absorvi tão bem seus preconceitos, seu cotidiano, que não pude mais ouvir meu eu interior. Eu queria ser amado por todos e admirado como alguém perspicaz que conseguia uma enorme audiência para meus patrões e patrocinadores. Fiz isso e ajudei meus patrocinadores a vender mais sabão, desinfetante e remédio para resfriados. Que perda de tempo...

Sua lamentação era verdadeira e profunda.

Jacob e Ursula trocaram olhares. Ambos sabiam que Peter, que iria se tornar Jeff, estava, ao mesmo tempo, certo e errado. Sim, ele falhou, se formos comparar suas metas e o que ele realmente conseguiu fazer. Mas era a missão deles ajudar esse espírito a progredir.

Ursula falou sem rodeios:

– Você sabe como a humanidade é. Conhece seus diferentes níveis: alguns elevam o espírito, enquanto outros denigrem. Você dançou entre mundos; adotou os ideais deste, enquanto se apaixonou pela fama e fortuna da Terra. Você queria que seu nome continuasse a existir por meio das páginas da história terrestre: um herói de guerra condecorado que se tornou uma celebridade. Mas sua fama na guerra aconteceu para que você tivesse credibilidade em sua verdadeira missão, que era a de divulgar a mensagem de vida eterna e de fraternidade. Contudo, você ficou intoxicado pela fama e queria, desesperadamente, que ela continuasse. Você adorou seus momentos de sucesso e não queria que eles terminassem e, consequentemente, acabou viajando por um outro caminho.

Com serenidade e imparcialidade, Jacob falou:

– Você sabe que o objetivo de uma encarnação na Terra não é a glória, mas sim a evolução de sua alma e das almas à sua volta. Você não superou seu ego e, até que o faça, você não progredirá.

Peter concordou, dizendo que sua vida era aqui e não na esfera da Terra.

– Na vibração terrestre – continuou ele – tudo é confuso e as emoções reinam. Vamos continuar. Quero tentar de novo.

Rimos de sua impaciência, e Ursula respondeu:

– Relaxe. Por que a pressa? Estamos lidando com a eternidade aqui. Além do mais, queremos mostrar-lhe algo.

Palavras não podem descrever o que aconteceu em seguida. Fomos ao cinema, ou melhor, o cinema veio até nós: vivo, real e à nossa volta. O filme se chamava *Terra, um Documento Histórico*.

Desde o momento de sua criação, a vibração terrestre tem sido um terreno de provas. Os espíritos chegam lá para ser testados. Aprendem encarando de frente a tentação, e purificam-se por meio dos obstáculos.

E, conforme esses espíritos desenvolvem sua consciência, a Terra também se desenvolve. O espírito que se tornaria Jeff viu como as mudanças nas vibrações humanas alteram a história da Terra.

A vida trabalha em favor da evolução, e essas mudanças com suas consequências não acontecem por acaso.

Todos nós nos lembramos da passagem bíblica que diz: "E nem uma folha cairá da árvore sem que Ele saiba".

Então, nosso filme começou a passar cenas do futuro, dando-nos uma ideia do que estava por vir, caso os eventos seguissem seu atual curso.

Jacob disse:

– Desde o início, a vibração terrestre foi uma escola, um lugar onde se aprende por tentativas e erros. Tem sido um lugar para os espíritos atuarem e aprenderem por intermédio de seus próprios dramas e carmas. Você, eu, todos nós viajamos por lá, muitas vezes. Em sua passagem mais recente, você aprendeu como usufruir da vibração terrestre para se comunicar, efetivamente, com as almas que vivem lá. Sua última encarnação pode, se você quiser, servir como um valoroso passo no caminho para uma nova era na Terra. Você está vendo o futuro não como um vidente ou profeta vê, mas sim como um espírito que atingiu um elevado estado de consciência.

Peter estava quieto, refletindo sobre as palavras de Jacob e sobre o filme que ele tinha visto. A vibração da Terra mudaria, evoluindo de um mundo expiatório para um mundo de consciência mais elevada. Um processo de purificação iria ocorrer, e as marchas cósmicas estariam lentamente mudando.

Ursula interrompeu sua reflexão.

– Como você sabe, meu amigo, há sempre os poréns...

Peter prestou atenção em cada palavra que ela disse, sentindo que aquela conversa acabaria se tornando muito pessoal. O filme não era uma revisão de sua vida, era uma previsão do futuro, um futuro do qual ele faria parte. Ele se lembrou da época em que estava no exército inglês e da sensação ruim que sentia quando seus superiores pediam voluntários para uma missão perigosa. Ele sabia que um momento semelhante estava se aproximando. Uma escolha teria de ser feita muito em breve.

Ela continuou:

– Você sabe que as escolhas e responsabilidades aumentam a cada nível de maior desenvolvimento. Na Terra, uma criança não pode ser responsável por seus atos porque não está suficientemente desenvolvida. E, como crianças, os espíritos são guiados e nutridos ao longo do caminho, de acordo com suas necessidades. Você deu mais um passo e, agora, tem capacidade para abraçar dificuldades novas e mais pesadas. Você decide: faz isso ou vira as costas. Tem livre-arbítrio para escolher. Nós somente podemos guiá-lo. E, se você não está pronto para dar outro passo para a frente, não iremos julgá-lo nem abandoná-lo.

O medo é uma emoção negativa, porque paralisa a alma. A dúvida e o medo que são colocados em nosso caminho precisam ser superados. Peter, que em breve se tornaria Jeff, sabia disso.

– Parece que muita coisa pesada está por vir. Tudo bem.

Essa foi sua resposta. Achamos que ele quis dizer "sim", e então sorrimos. Ele também sorriu.

Jacob andou até a janela, onde a suave luz branca continuava a banhar a biblioteca com seu calor. Tudo estava em harmonia e em paz. Ele se sentou no batente da janela e assumiu um ar professoral.

– Reflita sobre a história da Terra. Você notará que, após cada tragédia, as vibrações reajustaram-se e progrediram. Durante sua última passagem por lá, a Terra sobreviveu a uma grande guerra e entrou em uma nova era. Grandes avanços foram feitos em ciência, física, comunicações e informação. Mas, como sempre, o progresso traz consequências; o progresso criou poluição, pornografia, drogas, armas químicas e uma lenta e corrosiva destruição da humanidade. Para cada causa existe um efeito e para cada efeito existe uma causa. A vibração terrestre reagirá ao distúrbio de seus habitantes no delicado sistema de apoio à vida. Haverá uma epidemia chamada Aids, que irá matar milhões.

Peter questionou seus guias.

– E daí? Todas essas coisas já aconteceram no passado. Fazem parte da história da Terra. A Terra presenciou a peste negra, a peste bubônica, a febre tifoide, secas, inundações e guerras. E a vida continuou.

Concordei com ele. Qual seria o problema caso houvesse outra epidemia? As pessoas pegariam a doença, morreriam e retornariam aqui para se preparar para uma outra encarnação. A maneira como alguém morre é, às vezes, cármica, porque, pelo que me consta, morrer de velhice ou em um acidente de avião dá na mesma.

Ursula, que tinha se juntado a Jacob na janela, agora se aproximou de Peter e explicou para ele e para mim o que seria diferente quanto à Aids.

– Essa doença vai ser única. A Aids irá trazer um estigma horrível, uma mancha que provocará sentimentos muito fortes nas pessoas. Todas as vibrações negativas, como medo, ódio, injustiça e intolerância, serão atiradas contra as vítimas de Aids.

Ainda na janela, mantendo seu espírito em perfeita harmonia com a iluminação e as cores, Jacob disse:

– Essa epidemia vai servir como uma oportunidade para os espíritos progredirem. Lembre-se: o Universo não regride, ele apenas progride.

Peter perguntou o que tudo isso tinha a ver com ele.

– Você ainda tem o darma para ensinar, inspirar e educar. Você mesmo sabe que não conseguiu completar seu darma na última encarnação. Você o adiou porque acabou atraído pelo dinheiro, pela fama e pelo poder. Não roubou, não destruiu, mas simplesmente não evoluiu como deveria. Seu carma ainda o amarra a seu darma.

O espírito que iria se tornar Jeff muito em breve estava exasperado. Ele ficou de pé pela primeira vez, e olhou para Jacob e Ursula.

– Então, o que devo fazer? Virar um doutor, liderar um movimento e descobrir uma cura para a Aids?

Eles se olharam e, então, viraram-se para mim. Eu não tinha a mínima ideia do que estava acontecendo. Também esperava pela resposta deles. Ursula respondeu, em um tom sério e calmo:

– Não, sua missão não será a de curar; essa tarefa pertence a outros. Vou colocar isso de um modo bem simples: nós queremos que você seja um voluntário para morrer dessa doença.

Ele ficou confuso. Não havia entendido.

– Qual é o problema em morrer? – perguntou. – Nós passamos por isso todo o tempo.

Naquele momento, Peter virou Jeff.

Nós voltaremos a ele. Como ele costumava escrever em seus antigos programas de rádio, em uma de suas vidas, vamos dizer o mesmo: “Primeiro, uma palavra de nossos patrocinadores”.

As Viagens de Borunda

Borunda e seu guia sentaram-se à margem de um rio de água azul-clara que fluía por um vale plano e fértil. Podia-se ver trutas e salmões nadando nas águas do rio. Em alguns pontos, a água formava calmas piscinas naturais em que crianças, em meio às risadas, brincavam e espirravam água umas nas outras. Embora esse rio se parecesse com qualquer rio da Terra, ele era, na verdade, diferente, pois não refrescava o corpo, mas sim a alma.

Borunda e seu guia estavam falando de mim e da viagem que fizemos juntos. Ele disse que, quando estava vivendo na Terra, nem imaginava que existissem bilhões de pessoas que viviam vidas diferentes em diferentes lugares exatamente na mesma época em que ele vivia.

E acrescentou:

– Nós vivemos de maneira diferente, mas no fundo somos todos iguais e estamos na Terra para cumprir uma missão. Algumas são realizadas em um nível, outras em outro, mas essa é a única diferença.

Como um pai orgulhoso, seu guia sorriu. O que Borunda descobrira o agradou.

– Vidas diferentes, missões diferentes, estradas diferentes e caminhos diferentes, mas um mesmo destino. Isso, Borunda, é a verdade e a justiça universais.

Ele disse ainda que, deste lado da vida, existia a mesma verdade universal que Borunda viu em suas viagens pela Terra: vibrações diferentes, níveis diferentes, consciências diferentes, isso tudo em cada plano habitado por espíritos, de acordo com a vibração de cada um.

Borunda concordou, observando que, desde sua chegada, ele percebeu ordem e ritmo na vida.

– Sua última encarnação ajudou-o a compreender isso. Na Terra, você viu como os eventos são resultantes de ações, e como as ações são influenciadas pelos eventos, em um fluir contínuo sem início ou fim.

Borunda viu sua pequena aldeia na África e lembrou-se dos ciclos da natureza. Ele sorriu, pois sabia que aquilo que chamávamos de natureza na Terra era chamado aqui de força criadora. Ambas as coisas eram na verdade uma só.

Seu guia captou esses pensamentos, e gentilmente sugeriu que era hora, se ele quisesse, de continuar a jornada. Borunda concordou.

O guia se levantou e pediu-lhe para segui-lo pela margem do rio. Deixando a sombra refrescante da grande árvore, eles caminharam lado a lado em direção à luz com um passo muito mais rápido que o fluxo do rio.

– Borunda, veja como a água profunda corre suavemente. Quando chove, cada gota d'água se transforma em parte do rio. O rio é a soma das gotas d'água. É assim também com o espírito; o espírito é a soma das gotas das encarnações. Mas o rio continua sendo um rio, assim como o espírito é sempre espírito, ainda que cada gota de uma encarnação desenvolva sua consciência, fazendo-o crescer. Vamos ver as gotas de suas encarnações, assim poderemos ver melhor seu rio. Está na hora.

Sorrindo de felicidade, como um estudante primário que resolveu uma charada, Borunda perguntou a seu guia:

– Se as gotas das encarnações são parte de meu espírito, então cada vez que nascemos e cada vez que morremos acrescentamos algo ao nosso progresso. Como na Terra, esse rio um dia vai encontrar um outro e formar um rio maior, cada um carregando suas gotas diferentes, sua parte da soma. Algum dia, quando todos esses bilhões de gotas estiverem em harmonia e todos os rios houverem se encontrado, todos nós seremos um só com o Criador, não é isso? Sei que a força criadora está aqui. Posso sentir sua presença em mim e à minha volta. Neste momento ainda não sei como ajudar no processo, só sei que desejo fazer isso. Quero construir meu rio para que eu possa me unir aos demais.

A graça da criação fluiu por meio de Borunda. Seu guia, mais tarde, me contou que seus olhos se encheram de lágrimas quando ele ouviu aquela simples mas maravilhosa declaração de fé. Ele só pôde responder um breve sim.

Do outro lado do rio, eles viram uma encarnação de Borunda que se chamava David. Ele foi a primeira encarnação de Borunda na Terra. David era um trabalhador braçal, um homem com limitada inteligência e poucos recursos. Naquela encarnação, Borunda não estava pronto para tomar decisões, então ele nasceu em uma baixa vibração, onde as escolhas eram poucas e simples.

– E você partiu para a bebida. A vida era dura e nada compensadora, então você bebia porque não sabia lidar com sua vida – explicou o guia.

Lentamente, viajando ao longo da margem do rio, outra gota apareceu e eles viram Simone e David andando lado a lado.

– Anos depois, você reencarnou como Simone. Você trabalhou com as crianças de trabalhadores braçais, nas favelas da França. Criou um fluxo de instrução e inspiração para elas e ajudou-as a superar a pobreza. Seu vício pela bebida, quando você era David, prendeu-o a uma força cármica. Você se entregou como David, mas sacrificou a si mesmo como Simone. Quando ensinou, você também aprendeu com seus pupilos e, com isso, acrescentou outra gota e engrandeceu seu espírito.

Borunda e seu guia caminharam por uma margem, enquanto Simone e David caminharam pela outra. Logo, o par que estava do outro lado se juntou a um ator grego chamado Mikhail, que, interpretando papéis escritos por autores há muito tempo falecidos, fez com que suas palavras voltassem a ter vida, inspirando assim novas gerações.

Borunda e seu guia continuaram sua caminhada.

O trio, na outra margem do rio, virou um quarteto. Eles se juntaram a Dame Edith, uma rica inglesa aristocrata. O acesso dela ao poder e seus privilégios na virada do século ajudaram--na a plantar as sementes do emergente movimento feminista na Inglaterra. O nome Dame Edith não pode ser encontrado em nenhum livro de história. Às vezes, os famosos não são aqueles que plantaram a primeira semente.

Finalmente, os quatro se transformaram em cinco. Borunda viu a si mesmo do outro lado do rio, alegremente se juntando a David, Simone, Mikhail e Dame Edith.

– Sua última encarnação foi parecida com a primeira em um ponto: você nasceu em uma vida de escolhas simples. Mas as duas foram diferentes, porque em sua última encarnação você nasceu para aprender os altos e baixos da vida de acordo com as verdades do Criador. – E acrescentou: "Você aprendeu bem".

Borunda olhou através do rio. David, Simone, Mikhail e Dame Edith, cada um com sua própria luz, formavam uma única luz. Uma mescla de tons violeta, amarelos, verdes, azuis e rosa girou no ar, formando uma única bola de luz branca. A bola ficou suspensa no ar por alguns instantes, então ganhou velocidade e atravessou o rio em direção a Borunda. A bola branca envolveu seu espírito e, lenta e uniformemente, entrou nele.

Borunda, que agora não era mais Borunda, virou-se e olhou para seu guia. Ambos sabiam que outra encarnação esperava por ele.

Maryanne e o Perdão

Maryanne estava sozinha novamente. Ela havia deixado nosso hospital. Sua raiva, que a prendia ao plano terrestre, tinha abrandado durante sua estada no hospital, e ela havia agora entrado em uma rotina diferente.

A escola, que era uma coisa de que ela nunca havia gostado muito, agora tomava a maior parte de seu dia. É claro que a escola de Maryanne não era como as da Terra. Nela, aprendia-se mais sobre o espírito, vidas passadas e futuras escolhas.

Embora ela estudasse com seus guias e professores, sempre vinha me procurar para fazer perguntas sobre os temas que achava difíceis.

– Para manter você alerta – dizia.

Esse dia que vou relatar não foi diferente, e a conversa que tivemos realmente me deixou bem atento.

– Bob, ajude-me, por favor. Como você está sempre pronto para dar uma opinião sobre qualquer assunto, eu queria lhe pedir um conselho, porque estou com sérias dúvidas.

Eu estava começando a gostar da forma "espontânea" que ela tinha de expor as coisas.

– É sobre essa história de autojulgamento, sabe, esse negócio que você está sempre falando. Estou adorando meus guias, mas eles falam o tempo todo sobre isso também, e eu não consigo entender. Como vou me julgar se não sei nada? Achei que Deus julgasse todo o tempo. Sempre me ensinaram que o dia do julgamento era o grande momento dele.

– Pelo que me consta eu ainda não encontrei o "chefão", pelo menos não até agora, e portanto sou o único juiz de mim mesmo. Não tente me contrariar, para mim isso está ótimo. Eu sou um cara que perdoa fácil.

Eu disse a ela que o "chefão" não deixa o julgamento conosco, apenas permite que nos tornemos conscientes dos resultados de nossas escolhas. Além do mais, expliquei, ele não viveu nossas vidas. Nós as vivemos. Ele não faz nossos destinos, nós os fazemos. Sei que isso é algo que as almas terrestres acham difícil aceitar.

Maryanne riu e respondeu em sua peculiar maneira de falar:

– Sabe o que aqueles pregadores da TV que minha avó assiste iriam dizer sobre isso? Que você só fala besteira. Deus e Jesus estão aqui, esperando por nossa morte, assim eles podem nos mandar para o céu ou para o inferno. Esses pregadores dizem que Deus escreveu tudo isso na Bíblia. Deus é justo, e os justos serão salvos.

Ela recitou a última frase como fazem aqueles pregadores da igreja de sua avó. Ambos rimos.

– Escute, acho que você já entendeu o que quer dizer essa história de céu e inferno. Portanto vamos passar por cima disso. Quero que você tente uma coisa.

Ela esperou atentamente por minhas instruções. Eu prossegui:

– Tente se observar por um minuto. Olhe para si mesma e pergunte: "Sou perfeita? Sou justa? Sou amável?".

– É claro que não.

– Certo, nenhum de nós é.

– Nem mesmo você, Bob?

Eu não sabia se ela estava falando sério ou se estava brincando, mas respondi do mesmo modo.

– Ninguém é, nem mesmo eu, algumas vezes.

Pedi para que continuasse a se analisar e, então, perguntei se ela, caso fosse possível, mudaria algumas de suas atitudes passadas. Sem esperar pela resposta dela, afirmei:

– É claro que mudaria!

Maryanne me lembrou mais uma vez dos pregadores que apareciam na TV todas as vezes que ela apertava o botão do controle remoto.

– Eles dizem: "Reze para Jesus, ele a perdoará e tudo dará certo. Reze, e você nascerá de novo. Reze, e Jesus entrará em sua vida e removerá seus pecados com seu sangue". O que acha disso?

Tudo que pude dizer é que Jesus perdoa realmente. Deus, como nosso criador, perdoa.

– Ele conhece nossas limitações, e nós também. Mas, Maryanne, suas orações não a livrarão de suas imperfeições, nem a farão entrar no paraíso. As injustiças, os enganos que cometemos agridem a vida e as pessoas. Para conquistar a harmonia e contribuir com a Criação, temos de colher os resultados de nossas escolhas e aprender com eles. Deus não faz isso por nós, mas permite que tomemos consciência da verdade e reformulemos nossos caminhos. Isso é justiça.

Ela concordou, mas perguntou o que acontecia quando o espírito, que deveria julgar a si mesmo, não se julgava.

– Um marido que espanca sua mulher e pensa que está certo. Quem decide?

Boa pergunta. Nem todos os espíritos atingiram um nível em que eles podem julgar a si mesmos; alguns assassinos acreditam na justiça de seu ato e outros acreditam em suas próprias mentiras.

– É realmente simples – respondi. – Quando um espírito não entende, ele não progride. O espírito permanece onde está, até que entenda. A iluminação pode levar várias encarnações na Terra, ou milhares de anos de reflexão aqui.

– Quem decide se um espírito está iluminado ou não? Quem decide se ele deve evoluir ou ficar onde está?

Agora entendi aonde ela queria chegar.

– O modo como o Universo foi criado é que decide, Maryanne. Nas esferas mais elevadas não há lugar para a raiva, o ódio, a inveja e a mentira. Cada nível tem sua própria vibração e um espírito só pode alcançar aquele nível que está em sintonia com sua vibração. Deixe-me dar um exemplo. Imagine que, lá na Terra, você tentasse sintonizar uma estação de rádio FM em um rádio que só recebesse AM. É impossível, as frequências não são as mesmas. Na Terra, o bem às vezes existe junto com o mal, uma vez que essas duas vibrações diferentes são necessárias para o desenvolvimento da Terra. Mas o mal não pode se misturar com o bem nos níveis mais elevados do mundo espiritual.

Maryanne sorriu pretensiosamente. Ela sempre sorria desse jeito quando achava que tinha a resposta.

– Então aqueles pregadores da Terra estão certos e errados ao mesmo tempo. Deus fez as coisas de tal modo que só podemos ir para o lugar que estamos prontos para ir. Para evoluir, temos de nos tornar melhores. De certa forma, existe um julgamento preestabelecido.

Era minha vez de sorrir pretensiosamente. Eu tinha dado uma boa explicação.

Clara se Transforma no Todo

Nós somos parte do todo. Consequentemente, como cada espírito é parte do todo, então cada vida que vivemos é também parte do todo. A vida de uma pessoa toca a vida das pessoas à sua volta, por toda a eternidade.

Cada uma de nossas vidas é parte de nosso espírito, e cada uma de nossas vidas molda o espírito, por toda a eternidade.

Clara ainda estava com seus guias. O filme das vidas passadas tinha terminado e ela estava prestes a dar um outro passo em um dos muitos caminhos em direção ao lar. Ela estava pronta e a hora havia chegado.

Seu guia mais velho disse que queria levantar uma outra cortina, deixando entrar mais luz ainda. Ele pediu a permissão dela para continuar.

Ela imediatamente disse sim e ele prosseguiu:

– Saia de si mesma e deixe Clara para trás, procure lembrar que essa foi simplesmente uma vida a mais. Deixe as emoções que você trouxe consigo irem embora. Você é Clara e, apesar disso, você não é Clara. Ela é somente uma de suas muitas partes. Deixe-a para trás, de modo que possamos recuar e ver o todo. Deixe-me explicar a você o que está prestes a acontecer. O processo se chama reintegração, e esse processo não é fácil. O espírito deixa a si mesmo, com a ajuda de guias, e olha para cada encarnação passada individualmente, separada do todo. A reintegração é algo como desmontar um motor, examinar cada peça para entender como essas peças se encaixam e funcionam como um todo.

Obviamente, os guias de Clara acharam que ela estava pronta para tentar tal processo. Então eles começaram. Lentamente, como se a estivesse hipnotizando, a voz do guia primeiramente puxou o espírito de Clara para fora de si mesmo.

– Liberte-se de seu passado. Deixe suas emoções para trás.

Deixe Clara para trás. Não tenha medo, ela voltará e outros se juntarão a você. Mas agora é só você. Espírito de luz, espírito do Criador, parte do todo, nascido do todo e feito pelo todo. Una-se ao todo agora, busque orientação e ilumine sua alma. Você pode fazer isso ao tirar as pesadas roupas da Terra. É chegada a hora de se libertar de seus medos, seus sonhos, suas esperanças, suas ansiedades e de você mesma. Chegou a hora de ser livre.

Eu observava Clara enquanto a voz serena de seu guia atravessava o caminho até o interior de seu espírito. Lentamente, a aura que a cercava iluminou-se e, pulsando com energia, levantou-se para longe do espírito, transformando-se em um ser próprio. O espírito chamado Clara ficou para trás, observando.

A aura, agora sendo quase pura energia, flutuava ao redor, quando a própria Clara se transformava. A aura se dividiu, sem, porém, diminuir de tamanho. Cinquenta e poucas entidades apareceram, e essas eram do mesmo tamanho e formato que a original.

O guia era experiente em reintegração. A seguir, ele começou a falar. Mas não com Clara, pois ela era apenas uma das 50 entidades. Ele falou diretamente com o espírito dela.

– Olhe para as partes de seu todo. À sua frente, estão as vozes que falam de dentro; as vozes que têm estado com você desde o momento em que você foi criado. À sua frente, estão suas esperanças, frustrações, alegrias e obsessões. Essas são suas vidas, e todas elas viveram na Terra. Peça a elas para falar, e escute-as.

A essência espiritual dela, obedecendo ao suave comando do guia, entrou em contato com cada uma de suas partes e ouviu a história de cada uma.

– Meu nome é David. Não vivi por muito tempo. Na verdade, vivi por apenas alguns meses. Minha encarnação foi curta, para que meus pais terrestres pudessem aprender a partir do sofrimento e da dor que minha perda traria. Mas eu também senti uma perda terrível e um vazio muito grande. Não pude crescer e encontrar um lugar no mundo. Isso parece injusto. Sei que nasci para morrer cedo. Escolhi esse caminho para que pudesse ajudar outros. Mas o vazio permanece dentro de mim.

O guia disse ao espírito dela:

– Fale com David e conte que ele é parte de você. Diga a ele que o vazio e a perda acabaram. Ele encontrou seu lugar no mundo e esse lugar é com você e com seu espírito. Um dia, vocês juntos encontrarão seu lugar com Deus.

O espírito, na verdade, não precisava falar; para tocar a entidade chamada David, bastava apenas olhá-la e pensar.

– Agora, peça a David que se junte a você para que ambos se tornem um só. Aceite-o agora, ele tem muito para lhe dar, pois é jovem, com vitalidade e cheio de sonhos. Traga-o para dentro de si, traga-o para seu lar.

O espírito e David brilharam, quando suas vibrações se sincronizaram e se tomaram um só. A aura emitiu um som agradável, em virtude dessa nova energia.

Kristen, a norueguesa, foi a próxima entidade a falar.

– Eu também estou sozinha. Fui criada por pais frios e indiferentes. Nem mesmo uma criança pôde trazer calor humano para meu lar. Meu pai, obcecado com seus negócios, forçou-me a casar com um homem que eu mal conhecia, o filho de um de seus sócios. Nasci em uma família sem amor e vivi minha vida dentro de um casamento sem amor.

Por causa de David e agora de Kristen, eu estava começando a entender a composição desse espírito que conheci como Clara: frustração, vazio e solidão.

Um a um, esses problemas emocionais tinham de ser resolvidos, caso o espírito quisesse evoluir.

O guia falou com o espírito dela novamente.

– Olhe para Kristen e para a vida dela. São parte de você. Em sua lembrança você a vê sozinha, em um casamento sem amor? Pois apague essa cena. Tire suas cores e deixe as imagens em preto e branco se fundirem até que não existam mais.

O espírito de Kristen levantou-se vagarosamente, e sua luz pálida e fraca se fortaleceu, conforme a aura e Kristen trabalhavam juntas para resolver a experiência daquela encarnação.

O guia pediu à aura para que deixasse aquela encarnação entrar nela também, curando seus ferimentos e tornando-a uma parte do todo do novo espírito.

E assim esse processo continuou, até que todas as encarnações foram auxiliadas e reintegradas ao grande espírito.

Clara não era mais Clara. Ela era um verdadeiro espírito, o total de suas vidas, experiências e ações.

Seu guia perguntou como ela se sentia.

– Para ser sincera, um pouco tonta e desorientada, mas sinto um poder, uma força interior como nunca senti antes.

Seu guia explicou que sua tontura e desorientação eram uma coisa normal, simplesmente o resultado de colocar suas partes separadas, analisá-las, limpá-las e encaixá-las de volta em seus respectivos lugares.

Ela respondeu dizendo que não tinha ideia dos laços que ligavam todas as suas vidas: o homem de negócios em Veneza que ignorava sua família em função dos negócios. O professor da Lituânia que passou a vida inteira educando crianças dos outros, apenas para descobrir muito tarde que queria ter suas próprias crianças.

– Pela primeira vez – ela disse – eu vi, claramente, o círculo de rejeição que eu mesma criei, mas não sinto mais um vazio. Eu sou uma, comigo mesma. Se eu soubesse que era assim fácil, teria pedido ajuda antes.

O guia mais novo, que estava assistindo a tudo em silêncio, falou pela primeira vez.

– Reintegração não é fácil, Clara. Levou todos esses anos e encarnações para que atingisse esse nível. Você não poderia ter feito isso antes. Lembre-se, é um passo por vez. As coisas acontecem quando devem acontecer, nem um minuto antes, nem um minuto depois.

Ela concordou.

– Lá na Terra, existe um ditado: primeiro conheça a si mesmo para depois tentar conhecer os outros. Agora, pela primeira vez, sei o que isso quer dizer. Eu realmente sei quem sou.

Ambos os guias a olharam e sorriram.

– Sim, conhecer a si mesmo é muito importante. Mas existe uma outra coisa que também é tão importante quanto isso – disse o guia mais novo.

– O que é?

Foi o guia mais velho quem respondeu:

– Depois que você se conhece, precisa se amar, com todas as suas falhas, seus defeitos e suas fraquezas. Somente depois que você aceita seus defeitos, poderá libertar-se deles. Ame a si mesmo, e você amará o eu que encontrar nos outros.

Ela concordou.

Todos refletiram sobre essa revelação por alguns momentos. Eu também. Conheça quem você é, o que você é e do que faz parte. Então, ame a si mesmo, com seus defeitos, suas insignificâncias, suas qualidades e suas virtudes. Quando nós, verdadeiramente, fizermos isso, teremos dado um grande passo em direção ao lar.

Clara perguntou aos seus guias o que viria a seguir. O mais jovem respondeu:

– Examine a si mesma, não como a Clara da última encarnação, mas como um espírito inteiro se vendo pela primeira vez. Acho que você encontrará sua resposta.

Ela sorriu. Todos sorrimos. Clara ficaria conosco por algum tempo.

Maryanne Chega aos Programas de Televisão

Eu gostava de Maryanne. Ela era cheia de vida, esperta e, acima de tudo, me fazia rir.

Lembro-me de uma conversa especial que tive com ela. Foi no dia em que decidi virar o jogo. Nós nos encontramos perto de sua "faculdade" (creio que essa seja a melhor maneira de descrever este lugar aqui no astral), onde ela estava estudando a história terrestre. Por algum motivo, Maryanne era atraída por esse assunto, e estava se tornando boa em história.

Estávamos no grande pátio central, lugar onde os estudantes se encontravam para conversar e discutir. Ele estava cercado por esferas de aprendizado. Era um lugar tranquilo, coberto pelas copas de árvores.

Eu estava sentado na grama quando ela chegou.

– Olá, Robert. Nessas roupas, você parece um velho aposentado que não tem nada para fazer.

Eu estava vestindo meu jeans azul, minha camisa quadriculada também azul e um boné de beisebol do New York Yankees. As roupas aqui mudam, conforme o humor do espírito. Acho que estava com o humor de um velho aposentado, porque, ao me observar, percebi que ela estava realmente certa.

Maryanne tinha mudado. Não era mais aquela garota mal-humorada, havia se tornado uma moça madura e bonita. Seu folgado manto vermelho era uma prova de sua evolução espiritual, e sua aura energizada mostrava que ela havia abandonado a maior parte daquela energia negativa que cultivara na Terra.

– É um prazer revê-la, Maryanne. Você sempre tem uma palavra bondosa para acalmar uma alma cansada.

Ambos rimos, e então perguntei por que ela queria me ver.

– Por nenhum motivo em especial... É que não tenho visto você por um tempo, e sinto falta de nossas conversas.

Sem pausas, ela me contou sobre seus estudos e seu fascínio pela história e pelo desenvolvimento da esfera terrestre.

– Acho que existe alguma razão para minha atração pela história terrestre. É como você disse uma vez: "Nada acontece ao acaso". Bem, não preciso saber o porquê, só sei que gosto muito de história. Nunca imaginei que gostaria, mas essa escola é diferente. Não há pressão. Você aprende porque quer aprender e não porque tem de aprender. Se o que está estudando é complicado, bem, você não se sente um idiota. Aqui você aprende em seu ritmo. Não há pressão, julgamento ou repetência.

Ela me perguntou quais as novidades. Brincando, eu disse estar me sentindo como um velho aposentado. Disse então estar trabalhando com um espírito novo que tinha acabado de chegar. Seu nome era Ernst e ele havia acabado com minha energia. Quando contei sobre ele, Maryanne disse ter ouvido falar dos nazistas.

– Hoje em dia eles são chamados *skinheads* e têm muito a aprender.

– Maryanne, você já percebeu que, toda vez que nos encontramos, você me pergunta um monte de coisas? Bem, hoje eu gostaria de fazer-lhe algumas perguntas.

– Nossa, um teste! Isso é demais! Exatamente o que preciso.

Expliquei que não se tratava de um teste, era somente uma curiosidade minha.

– Deixe um velho de bom humor – acrescentei. – Você está aqui há algum tempo e está começando a aprender a razão da vida. Uma vez que você está estudando essas coisas, seria interessante tentar algo.

– O quê, por exemplo?

– Suponha que você encarnasse novamente na Terra e não perdesse a consciência e a lucidez que conseguiu aqui. Você retornou à Terra com a missão de compartilhar suas experiências com almas terrestres...

Ela sorriu e perguntou se ela seria um profeta.

– De um certo modo – respondi.

– Ei, eu gosto disso... Profeta Maryanne. Vou chegar a flutuar, ter visões e entrar em transes?

Ambos rimos. Disse, brincando, que, se ela fizesse isso, alguém a colocaria em um hospício.

– Na verdade, eu só estou curioso para saber como você lidaria com certas questões. Isso daria uma ajuda também em minha jornada.

Ela disse que ficaria muito feliz em me ajudar.

– Muito bem! O negócio é o seguinte: você está de volta à Terra e está pregando sobre a vida que existe deste lado. Você explica que a vida após a morte é diferente do que a maioria das pessoas imagina e do que os religiosos mais tradicionais pregam. Você fala sobre reencarnação, carma, darma e todas as verdades que aprendeu aqui. Você se torna uma celebridade e, já que você fala bem, um daqueles programas tontos de auditório a convida para uma entrevista. Nesse show há outros convidados que não concordam com você. Os produtores desses programas gostam de fazer isso porque discussões e brigas acabam ocorrendo, o que lhes garante audiência. E não se esqueça do auditório, essa é a parte divertida. Eles são mais loucos do que os convidados.

Ela entendeu o que eu estava querendo dizer. Então, achei que estávamos prontos para começar.

– Espere um minuto, Robert. Antes de começar, há algo que preciso saber.

– O quê?

– Vou ter uma grande apresentação nesse programa ou só vou entrar no palco e ficar sentada?

– Você terá uma grande apresentação. Como dizem na TV, você vai ser a convidada especial da noite.

Ela gostou disso e pediu para fazer sua própria apresentação. E começou:

– Eles vão dar um *close* no apresentador do programa, para começar. A expressão dele está querendo dizer: "Vocês não vão acreditar nisso, mas vou ajudá-los a entender". Ele começa o programa falando um pouco sobre mim: "Maryanne é do sul da Califórnia e está causando muita controvérsia por lá. Parece-me que nossa primeira convidada (que sou eu) não acredita nem no céu nem no inferno". Nesse momento, ele se vira para mim e pergunta, num tom dramático: "Se não existe nem céu nem inferno, onde fica essa vida após a morte sobre a qual você tanto fala?".

Maryanne disse que o apresentador iria fazer-lhe perguntas capciosas para provocar, tentando armar uma cilada para ela.

E prosseguiu:

– Os apresentadores têm muita facilidade para fazer isso, Robert. Eles até podem perguntar na hora certa, mas sua voz sugere que há uma resposta secreta que só eles sabem.

Perguntei como ela lidaria com o assunto "vida após a morte". Maryanne disse que começaria falando que o mundo astral está à nossa volta.

– Quando nosso corpo para de fazer o que costumava fazer e morre, nosso espírito, ou alma, abandona-o e passa para uma outra vibração. É realmente simples. Nossa vida continua em um outro nível, e esse nível varia de alma para alma. Onde se localiza essa outra vibração? Bem, se pudesse sintonizá-la, você a veria em todo lugar, à sua volta. É como um cruzeiro em um transatlântico. Imagine-se indo até o cais para se despedir de alguns amigos. Eles, assim como centenas de outros passageiros, embarcam nesse navio para um cruzeiro pelo Caribe. O navio, lentamente, deixa o porto e navega em direção ao horizonte. O navio vai ficando cada vez menor, até que se transforma em um minúsculo ponto. Então, o navio e seus passageiros desaparecem. Mas ele realmente desapareceu? É claro que não. Ele ainda está lá, embora você não o veja mais. Um radar poderá localizá-lo. Alguns dias depois, o contrário acontece. O navio aparece como um ponto no horizonte, depois fica cada vez maior, até que chega ao cais novamente. A morte é assim: simplesmente entramos em uma dimensão que nós, na Terra, não conseguimos ver.

Maryanne disse que o apresentador iria provocá-la ao fazer a próxima pergunta.

– Você está querendo nos dizer que a morte é como um cruzeiro para o Caribe?

Maryanne disse que o auditório iria rir muito da esperteza do apresentador.

– Na verdade, não. Um cruzeiro é uma forma de passar as férias durante nossa vida na Terra. A morte é o renascimento em nossa verdadeira vida espiritual. Essa vida terrestre não é nada além de uma ilusão que prepara e desenvolve a alma para sua verdadeira existência.

– Bem, Maryanne, isso é muito interessante, mas teremos de dar uma parada para os comerciais e, quando voltarmos, o reverendo William T. Robeson estará conosco. Pode apostar que ele vai ter algumas perguntas para você.

Eu interferi:

– Maryanne, deixe-me fazer o papel do reverendo. Você não pode ser a convidada e o inquisidor ao mesmo tempo.

Ela concordou, mas disse que o reverendo Robeson provavelmente falaria com um sotaque sulista, então eu teria de fazer minhas perguntas com esse sotaque.

– Para parecer real – propôs ela.

Maryanne estava gostando disso. O reverendo Robeson era um pregador astuto. Ele estava vestindo um terno azul-escuro, uma camisa azul-clara e uma gravata de seda vermelha. Esse reverendo poderia ser um banqueiro com um escritório em Wall Street, em Nova Iorque. Exceto pelo sorriso. O reverendo usava um sorriso permanente e, como todos sabem, os banqueiros de Wall Street não sorriem.

Então me transformei no reverendo Robeson: unhas perfeitamente feitas, olhos azul-escuros, um pouco calvo e com cabelos grisalhos e... o sorriso permanente. Mas não se confunda: o reverendo está lá no show apontando uma arma para Maryanne.

O comercial do detergente que era "suave em suas mãos" estava quase para terminar, então o reverendo sentou-se ao lado de Maryanne, seu sorriso brilhante acompanhando-o.

O apresentador estava junto ao auditório, tomando uma postura que mostrava total concentração e interesse nos convidados. E, no auditório, havia um clima de antecipação e alvoroço. Era o reverendo contra essa tão falada pregadora do sul da Califórnia. O auditório era formado por alguns turistas, e eles sentiam o cheiro de sangue no ar. De um certo modo, era como os cristãos contra os leões, na Roma antiga.

O apresentador começou:

– Estamos de volta e, como prometi, temos aqui o reverendo William T. Robeson. O reverendo Robeson não precisa de nenhuma apresentação, já que é conhecido em todo o país por seu programa semanal de TV e por seus programas de rádio. Então, reverendo, por que o senhor não começa fazendo uma pergunta para Maryanne?

O reverendo procurou sua câmera e a achou. Com um ar sério e sincero, ele encarou a lente e, em seu lento, porém preciso, modo de falar, começou o que considerava ser um bem-sucedido interrogatório.

– Bem, eu fiquei atrás do palco, ouvindo essa moça falar sobre o que ela tem pregado através deste país. Tenho certeza de que ela é uma pessoa sincera e bem-intencionada. Mas ela está errada... Senhoras e senhores, ela está mais do que errada. Ela é perigosa. Toda a sua heresia sobre um mundo sem céu, sem inferno, sem pecado e sem um dia de julgamento... Isso vai contra todos os ensinamentos cristãos e desafia as próprias palavras da Bíblia.

Virando-se para Maryanne, o reverendo juntou suas mãos, como se fosse rezar, e disse:

– Por favor, não leve isso para o lado pessoal. Mas preciso alertar o povo americano e o mundo sobre você. A Bíblia alerta sobre pessoas de seu tipo. Você é um dos muitos falsos profetas que Deus disse que apareceriam nos últimos dias, fingindo falar em seu nome, mas que, na verdade, são mensageiros do demônio. Senhoras e senhores, ela nada mais é do que o demônio disfarçado.

Deixei meu papel de reverendo e perguntei a Maryanne como ela lidaria com esse pregador. Ela olhou para mim e disse estar esperando isso, já com uma resposta pronta.

Mas nós tivemos de esperar o auditório se acalmar. Esse conjunto de barulhentas vaias e aplausos é que torna esses programas bons.

Então, quando o auditório se acalmou, Maryanne começou a falar, de modo a retirar aquele ar de convencimento do rosto do reverendo.

– Bem, a Bíblia nos alerta contra os falsos profetas, mas o que eu disse que contradiz a Bíblia? Se você realmente ouviu o que prego, então você me ouviu dizer às pessoas para viverem uma vida com moralidade, justiça e decência. Para dizer a verdade, reverendo, eu falei sobre uma responsabilidade muito maior do que aquela que o senhor tem. Eu nunca disse que nós podemos eliminar nossas falhas por meio da reza; pelo contrário, nós temos de nos esforçar para superá-las. Eu não disse que a salvação era algo simples, que poderia ser conseguida com uma mera ligação telefônica, eu disse que a salvação é uma estrada a qual trilhamos sozinhos, e cada um de nós encontra seu caminho em sua hora certa. Cada ação tem um efeito, criando um resultado que precisa ser experimentado. Meu caminho é o difícil, não o fácil. Os tão chamados falsos profetas são aqueles que vendem e lucram por meio do caminho fácil.

O sorriso tinha desaparecido do rosto do reverendo. Agora ele era apenas um banqueiro de Wall Street protegendo seus interesses. Então, como uma naja preparando o bote, ele chamou Maryanne de blasfemadora e disse que a única salvação era por intermédio de Cristo. E continuou:

– Jesus veio à Terra como um ser humano, e nos ordenou que seguíssemos seu caminho e não qualquer outro caminho pessoal para a salvação. Pare de mudar suas palavras sagradas, mocinha, e conte a verdade, ou sua alma será condenada por toda a eternidade.

Agora era Maryanne quem procurava pela câmera, e ela falava diretamente para milhões de telespectadores da América.

– Escute, Jesus veio para nos mostrar o caminho, e qualquer pessoa que leia sobre ele sabe que seu caminho não é fácil. A estrada da qual ele falou é muito mais difícil do que aquela no mapa do reverendo Robeson. Você não pode comprar um pedaço do paraíso e, embora essa farsa possa até gerar grandes contribuições para o reverendo, ela não comprará nem mesmo um tijolo, porque não há tijolos, nuvens ou harpas no céu. Só existe o perfeito amor, harmonia e união com nosso Criador. Contribuições em dinheiro não podem comprar essa união. Precisamos ser como Cristo para conseguir a harmonia com a Criação. Cristo foi mandado para cá como professor, um exemplo e uma luz que guia. Ele encarnou para nos mostrar o potencial dentro de cada um de nós. Consequentemente, não é suficiente dizer: "Concordo com o que Cristo pregou e aceito isso". Não, nós precisamos dizer: "Eu sou Cristo", porque ele viveu encarnado como nós, superou a tentação, a injustiça, o ódio e a inveja. Venceu o mal. Se ele conseguiu, nós também podemos. É só agirmos como ele agiu.

O apresentador estava para dizer algo para o auditório e para os telespectadores, mas ela não lhe deu tempo e continuou.

– Julguem por si mesmos. Cristo veio para este planeta, assim como Buda, Maomé e Krishna, para abrir nossas mentes, não para fechá-las. Quando você escuta alguém pregando algo como: "Meu caminho é O caminho certo!", pode ter certeza de que está escutando um falso profeta. Jesus nunca pediu uma obediência cega, porque sabia que cada um deveria ir a ele por conta própria. Quando você escutar qualquer pessoa condenar uma raça, uma religião ou uma ideia porque não concorda com eles, então você precisa realmente ficar alerta, porque essa pessoa é um falso profeta. Sempre que alguém lhe disser para não ler algo ou para não fazer algo, não confie nessa pessoa. Agora sou eu que os alerto: cuidado com os falsos profetas. Jesus veio para libertar nossas mentes, não para dominá-las. Então, tome cuidado com aqueles que julgam os outros em nome de Deus, porque eles são os maiores blasfemadores de todos.

Senti que, caso o auditório desse programa estivesse realmente escutando seu discurso, eles estariam em silêncio agora, porque suas palavras estariam ecoando em suas almas.

Eu então disse a Maryanne que estava muito orgulhoso dela.

Ernst e Kim Songh

Eu não via Ernst havia muito tempo. Depois de ter deixado o vazio, ele decidiu permitir que suas vibrações o levassem para onde quisessem e, para seu crédito, Ernst não aceitou mais ficar com seus antigos companheiros nazistas. Ele decidiu, pelo menos por enquanto, que ficaria sozinho.

Falei com ele no final de sua jornada, e a conversa foi diferente da última que tivemos. Fui atraído em direção a ele pela mesma força que guiava todas as nossas vidas. Era o tempo certo e a hora certa. Nós nos encontramos em um morro alto e coberto por grama de onde se via uma planície interminável. Havia céu e terra até onde a vista alcançava.

Ele sorriu ao falar comigo, e eu percebi que uma mudança profunda havia ocorrido.

– É você! Não pensei que fôssemos nos encontrar de novo. Aqui estamos, exatamente onde começamos.

– Na verdade, não, Ernst. Nada é como era. Você mudou, eu mudei e a Criação também. Nada permanece igual. Mas, de um certo modo, você está certo. Estamos no lugar de onde nós partimos e onde você começou suas viagens. Talvez esse lugar seja onde uma nova jornada vá começar.

Percebi que ele queria conversar, e, é claro, eu estava pronto para escutá-lo. Minha missão com Ernst não tinha terminado. Na verdade, mal iniciara.

Ele começou a falar de suas viagens.

– Tenho de admitir: você estava certo sobre muitas coisas, Bob. Ao ir de um lugar para outro, eu, aos poucos, comecei a sentir uma presença. Estava sempre lá, porém fora de meu alcance. Como um farol distante, a presença de Deus estava lá. Pude sentir o calor de suas extremidades, mas, por mais que tentasse, eu não conseguia chegar mais perto.

Saber, mas negar o que sabe. Isso é o inferno.

Ele continuou:

– Depois de um tempo, eu desisti. Droga, se Deus não queria nada comigo, então eu, com certeza, não queria nada com ele. Voltei-me para meu antigo modo de vida e comecei a procurar por meus amigos. Mas algo me impediu. Mostraram-me, não sei como, partes de minha vida na Terra. No início, eu me senti orgulhoso do que tinha construído: uma organização forte, disciplinada e eficiente. Criei meu próprio universo, e eu era seu mestre. Então, eu o construí de novo. Com a força de minha vontade, eu estava vivendo na vibração de minha própria criação, uma criação completa com coturnos, desfiles e uniformes pretos. Eu estava vivendo nesse meu mundo sozinho, e estava satisfeito.

Ernst disse que ficou lá dentro por um tempo, onde encontrou satisfação e felicidade. Porém, um dia, a vibração mudou. Uma vida nova começou.

– Um dia, acordei no meio de uma floresta fechada. O chão estava coberto de folhas pontiagudas de pinheiros, o que me fez lembrar as florestas da Alemanha. Revivi meus primeiros dias na SS, quando comecei a pensar em poder. De repente, uma mulher apareceu ao meu lado. Não notei sua presença até o momento em que ela já estava lá. Era uma oriental, não muito bonita, uma mulher comum que não tinha mais do que 22 ou 23 anos. Ela perguntou se podia sentar-se a meu lado. Ela tinha viajado muito e precisava descansar.

Ernst dissera a ela que não queria ser perturbado, mas, não tendo nenhuma escolha e contra sua vontade, ele a deixara sentar--se ali.

– Ela ficou ali sentada por um tempo, encostada em um pinheiro. Fechou seus olhos, e eu achei que estivesse dormindo, mas, repentinamente, ela me fez uma pergunta.

– Você sabe como sair daqui? Acho que estou perdida. Estou andando sem rumo por tanto tempo, procurando por uma saída. Você foi a primeira pessoa que encontrei. Você é daqui?

Ernst então disse que aquela pergunta o fez perceber que ele mesmo não sabia como tinha chegado lá e onde ficava a saída.

Disse isso a ela.

– Ah, então você deve ser como eu – respondeu ela.

Ernst ficou irritado com o que ela disse.

– O que você quer dizer com isso? Eu sou como você?

– Estou vagando sem rumo, sou uma alma procurando por meu caminho. Ainda não o encontrei, mas acho que é importante achar a saída dessa floresta. Estou cansada de procurar.

– Você sabe quem eu sou?

– Não. Eu deveria saber?

– Bem, depende. Quando você deixou a Terra?

Ela disse que não sabia realmente, mas achava que não fazia muito tempo. Ele perguntou se fora antes ou depois da guerra.

– Ah, a guerra... Foi durante a guerra. Meu marido morreu por causa dela. Ele morreu queimado quando os americanos jogaram napalm em minha aldeia. Ele lutou ao lado dos vietcongues e acabou sendo morto.

Ernst me disse que não fazia a mínima ideia de quem eram os vietcongues, mas ele entendeu que ela estava falando de uma guerra diferente, em um lugar diferente. Ele confessou se sentir um pouco desapontado. Queria ver a reação dela ao se encontrar com uma personalidade tão famosa como ele.

Mas a mulher continuou a falar, não notando seu desapontamento por não ter sido reconhecido.

– Depois que meu marido morreu, corri de aldeia em aldeia. Finalmente, fiquei em um lugar chamado My Lai, onde encontrei minha mãe. Ela tinha uma casa pequena, então mudei para lá. A vida não era tão ruim nesse lugar. Tínhamos um jardim pequeno e alguns porcos e frangos, o que era muito quando comparado ao que possuíam nossos vizinhos.

Ernst disse não estar interessado em sua história, mas ela, mesmo assim, continuou.

– Um dia, os soldados americanos chegaram.

Ela estava acostumada à rotina: soldados americanos iam e vinham pelas aldeias de sua terra destruída. Um dia eram os vietcongues, no outro eram os sul-vietnamitas. Naquele dia, porém, eram os americanos. Ela continuou:

– Eu nunca tinha visto os soldados americanos tão de perto. Eles eram grandes. Entraram apressados na aldeia e bloquearam a saída dos dois lados. Minha mãe e eu corremos para dentro de casa e trancamos a porta. Do lado de fora, escutávamos gritos nas ruas e tiros sendo disparados. Ficamos dentro de nosso único cômodo, tremendo e rezando para que eles fossem embora. Mas não foram.

Ela disse a Ernst que os grandes soldados americanos arrombaram a porta da cabana com chutes e encontraram-na agachadas em um canto.

– Aqueles soldados estavam nervosos e assustados. Para mim, eles pareciam demônios. Um deles apontou sua longa arma para mim, enquanto um outro puxou minha mãe para fora da cabana. Eu a escutei chorar e gritar. Não pude ajudá-la, porque um soldado estava de pé, a meu lado, com sua arma apontada para minha cabeça. Eu escutava os gemidos de minha mãe enquanto eles a chutavam e a socavam. Armas foram disparadas e eu escutei crianças e bebês chorando, nossos vizinhos implorando e gritando. Então, não escutei mais nada.

Ernst não disse nada.

A aldeia inteira ficou em silêncio. O único som que a mulher podia ouvir era a batida de seu coração. O soldado que estava a seu lado gritou algo para os outros soldados que estavam fora. Logo em seguida, dois deles entraram em sua cabana.

– O que estava de guarda colocou sua arma no chão e começou a desabotoar seu uniforme. Eu sabia o que iria acontecer em seguida. Primeiro ele, depois os outros dois.

Quando eles terminaram, os soldados americanos a deixaram tremendo em um canto de sua cabana, na aldeia silenciada e morta de My Lai.

– Eu senti vergonha. Desonra. Solidão. Minha mãe estava deitada no jardim com uma bala no peito. Nossos vizinhos, tanto as crianças quanto os homens e mulheres, estavam todos mortos. Ninguém sobrou. Só eu. Eu estava sozinha e não desejava viver mais. A guerra tinha tomado tudo que eu amava: minha mãe, meu marido, meu lar. Eu não tinha mais nada. Por que continuar?

Ela então lhe contou que usara uma faca para cortar os pulsos.

– Eu me lembro de abandonar meu corpo, lentamente, subindo acima da poça de sangue à minha volta. Ainda subindo, vi minha aldeia, onde os corpos de meus vizinhos e amigos estavam jogados sobre ruas, bueiros e jardins. Subi cada vez mais, até que vi uma luz.

A jovem disse a Ernst que aquela luz a confortava e a acolhia com amor. Contudo, a luz disse que ela havia cometido a maior transgressão de todas: o suicídio. Aquela luz, ela acrescentou, falava sobre coisas que ela não entendia.

– Eu era uma camponesa em um pequeno país esquecido. Minha vida era simples. Eu não sabia nada sobre destino e carma. A luz me disse que eu tinha interferido em meu destino ao terminar com minha vida. Todas as lições e testes que deveriam ser aprendidos na Terra, agora, devem ser aprendidos aqui. Eu não entendi. Mas a luz disse que, com o tempo, eu iria entender.

Ela disse que, de repente, estava em uma floresta e não conseguia se lembrar do caminho por onde entrara. E, por um bom tempo, estava tentando encontrar a saída.

Refletindo sobre isso, Ernst disse que não sabia como tinha ido parar lá.

– Não estamos aqui por acidente e não nos encontramos por acidente – ele disse a ela. – Se aprendi algo, esse algo é que nada acontece sem uma razão.

Dizendo isso, ele contou a ela sua história.

– Eu era um soldado também. Mas não como seus americanos. Eu não lutava em batalhas. Eu era um comandante. Meus soldados eram como aqueles que entraram em sua aldeia: brutos, cruéis e eficientes. Treinei meus homens para matar.

A jovem balançou sua cabeça e perguntou por quê.

– Porque eu achava que estava certo. Meu país foi derrotado e humilhado. Tínhamos a missão de restaurar o orgulho e a disciplina. Nossa nação e nosso povo tinham a sagrada missão de limpar as influências estrangeiras. Seu marido morreu lutando contra invasores estrangeiros, não foi? Será que você não entende? Nós estávamos no meio de uma guerra santa. Fomos à guerra para preservar o caráter nacional, nossa cultura e nossa raça. A raça ariana está destinada a governar o mundo e restaurar a disciplina, a ordem e os valores morais.

A jovem então perguntou o que era a raça ariana. Ernst estava irritado com a futilidade daquela conversa.

– Pare de me interromper! Deixe-me continuar!

Ele falou sobre suas conquistas e sobre como as traições e fraquezas levaram seu país a perder a guerra. Seu líder estava morto, a sede de seu governo estava completamente destruída e ele, Ernst, preferiu morrer a viver em uma Alemanha derrotada.

– Eu também acabei com minha vida. Não com uma faca, mas com uma pílula. Preferi morrer por minhas próprias mãos a morrer pelas mãos dos vencedores.

– Agora entendo. Você também cometeu a transgressão. Você, assim como eu, interrompeu seu destino. E, como eu, você também está procurando por uma saída desta floresta.

Sorrindo com um ar superior, Ernst disse-lhe que ela estava errada.

– Não, minha querida, eu não sou como você. Eu não fui a vítima, eu fui conquistador. Eu comandei. Você, por outro lado, somente ficou no meio do caminho. Eu fiz história. Você nem foi parte dela. Você foi uma mera camponesa vivendo em uma aldeia isolada, no meio de um país subdesenvolvido. Nem mesmo ouse se comparar a mim.

Ela não discutiu. Como ele tinha dito, ela era uma simples camponesa de um país subdesenvolvido. Sem se sentir ofendida ou com raiva, ela estendeu seus braços e o confortou.

– Mas nós estamos no mesmo lugar, certo? E pelo mesmo motivo. Estamos ambos perdidos e sozinhos.

Ernst me disse que não tinha uma resposta, então perguntou há quanto tempo ela estava lá.

– Não sei. Dia e noite não existem aqui. Só a escuridão da floresta e a luz que vem lá de cima. Você notou a luz? Esta floresta não é como uma floresta da Terra, porque a luz está sempre presente. Mas não dá para dizer de onde a luz vem.

Ernst estava ficando cada vez mais impaciente.

– Você disse que não há uma entrada e uma saída. Ah, isso é impossível. Não quero mais ficar aqui. Você pode vir comigo, se quiser, ou pode ficar, mas eu estou indo embora. E então?

Ela suspirou profundamente, mostrando seu cansaço. Seu rosto tinha a dolorosa expressão de alguém que sabia mais, mas ela estava cansada demais para discutir.

– Não sei por que nos conhecemos. Mas agora sei que não vamos sair desta floresta enquanto não descobrirmos por que estamos aqui. E acho que chegaremos a saber o motivo, parados ou andando. Não vai fazer diferença. Se você quer andar nessas trilhas que não vão dar em lugar nenhum, eu irei com você. Não tenho vontades ou desejos. Só quero sobreviver.

Novamente, Ernst explodiu. Havia muita raiva em sua voz:

– Mulher, eu nem mesmo sei seu nome, mas sei que nós não temos absolutamente nada em comum. Eu fui um líder e você não tem nem a coragem nem a convicção para ser um líder. Eu preciso continuar. Preciso deixar esta floresta e encontrar o lugar que me pertence. Junte-se a mim, se desejar, mas pare com essa conversa fiada sobre coisas em comum. Nós não temos nada em comum.

Ela respondeu, dizendo que seu nome era Kim Songh.

– Sim, nós não somos iguais, mas temos uma coisa em comum: nós nos matamos. Você foi um conquistador que se tornou um conquistado. Você se matou porque temia seu destino. Eu também fui conquistada e tirei minha vida no desespero.

Quero sair deste lugar, mas sei que só poderei sair quando meu espírito estiver pronto. Não vou segui-lo porque não vou seguir mais ninguém. Mas vou acompanhá-lo, porque sinto que preciso fazer isso.

Ernst continuou calado. Eles então começaram sua jornada pela floresta. Pouco depois, ele descobriu o que Kim Songh já sabia: a floresta era infinita, sem sons e sem noites. Mas, teimoso como era, continuou procurando por uma saída. Kim ficou a seu lado, sabendo que não havia como sair dali.

Porém, sempre havia luz. Uma luz que não criava sombras, infalível e imutável.

Anos terrestres passaram, conforme o incessante metrônomo do tempo. Ernst e Kim Songh permaneceram na floresta, e, sem seu conhecimento, em outras dimensões, a vida continuava à sua volta. Para eles, tudo que existia era a floresta. Suas vibrações os aprisionavam lá.

Ernst continuava frustrado.

– Não consigo entender. Já percorremos cada centímetro deste lugar e não há uma saída. Nenhum animal, nenhum som, somente essa luz. Se eles querem que eu passe minha eternidade aqui, com essas árvores infernais, então que seja. Mas isso é impossível de entender. Qual é o objetivo disso?

Kim então falou:

– Ernst, em vez de procurar uma saída que não existe, acho que deveríamos tentar entender por que estamos aqui. Talvez, então, em vez de ficarmos dando cabeçadas pelo mato, possamos aprender o que este lugar tem para nos oferecer. Além do mais, ambos sabemos que não estamos mais na Terra.

Ernst sabia que Kim estava certa, mas nunca iria admitir isso para ela.

– Então você, a camponesa, pretende liderar? O que você nos sugere fazer? Plantar verduras?

Ela ignorou o sarcasmo.

– Não, Ernst, eu não plantaria verduras. Você com certeza sabe que não precisamos de alimento para nossos corpos, porque não temos corpos. Nós precisamos de um tipo diferente de alimento, um alimento para nossas almas. Esse alimento está aqui, em algum lugar. E nós precisamos encontrá-lo juntos.

Ele então cedeu.

– Que caminho você sugere? Já caminhamos por todas as trilhas. Aonde mais nós podemos ir?

Ela sorriu e disse que a direção não importava.

– O que precisamos fazer é olhar para as trilhas de um modo diferente. Precisamos parar de procurar por uma saída. Precisamos achar a razão de estarmos aqui.

Assim, com Kim liderando, eles recomeçaram a caminhar pela mesma trilha que já haviam percorrido inúmeras vezes. Mas, dessa vez, a jornada seria diferente. Seria o início.

Jeffrey Faz Sua Escolha

O guia de Jeffrey era um espírito com muita luz. Na biblioteca, Jeffrey estava sentado no meio da longa mesa de carvalho em que seu guia conversava com ele sobre escolhas.

– Quando um espírito nasce na Terra, ele começa sua vida como um bebê. Um bebê não pode fazer escolhas porque é totalmente dependente de seus pais. Quando esses bebês se tornam crianças, passam a ter algumas escolhas. Com o passar do tempo, crescem, amadurecem e se desenvolvem, transformando-se em adultos. O menu de escolhas aumenta e a responsabilidade também. Você não é mais uma criança, meu amigo, e é chegada a hora de fazer uma escolha.

– Isso parece ser sério – comentou ele.

– Sempre é.

– Bom, eu sei que preciso voltar à esfera terrestre. Como eles diriam lá: "Eu posso sentir isso em minha alma!". Agora, que doença séria é essa que vai me matar?

O guia disse que eles iriam falar sobre aquilo em breve.

– Neste exato momento, quero ter certeza de que você entendeu o conceito de escolha. Sua vibração abriu portas que levam a muitas possibilidades. Você pode ficar aqui, deste lado... – com a mão ele designou a biblioteca – procurando o que esta dimensão tem a oferecer quanto a ensinamentos e conhecimentos. Você pode até escolher uma encarnação em uma outra dimensão, ou retornar à Terra. Qualquer uma dessas escolhas é válida. Eu não posso lhe dizer o que fazer. Sou como o pai terrestre que não pode mais mandar no filho, pois este já se tornou adulto. Posso apenas aconselhar. Portanto, eu gostaria de mostrar-lhe uma outra escolha, sabendo que a decisão final é sua.

– Como eu disse, parece ser sério.

– E, como eu respondi, sempre é.

– Continue.

Seu guia era uma alma gentil. Agora, ele estava falando sobre a Criação e como ela evolui e se desenvolve constantemente. A Terra é parte da Criação, e grandes mudanças estavam acontecendo lá, porque a Terra se aproximava de um ponto crucial em seu desenvolvimento.

– Na Terra, as almas estão se apressando para expandir e melhorar seus sistemas de comunicação, tecnologia e informação. Eles estão recebendo ajuda e inspiração de muitos espíritos deste lado. Todavia, as pessoas na Terra estão se isolando, elas estão se esquecendo de sua humanidade, de sua ligação comum e de sua unidade uns com os outros e com Deus.

O guia explicou então que, além de trabalhar com Jeff, ele, junto com outros, estava profundamente envolvido com a evolução espiritual da Terra.

– O desenvolvimento e o desempenho espirituais exigem um esforço muito maior do que simplesmente ir a uma igreja ou sinagoga. Os seres humanos precisam reconhecer a alma que carregam dentro de si mesmos e aprender a ver a Criação com os olhos da alma. Na Terra, há muita divisão: homens contra mulheres, filhos contra pais, negros contra brancos, religião contra religião. O medo e a raiva que estão dominando os seres humanos precisam ser eliminados. Isso só vai ocorrer quando descobrirem que em cada pessoa há uma alma eterna em evolução e que ela um dia vai encontrar a luz.

Jeff interrompeu para concordar com seu guia.

– As almas terrestres ficam presas às diferenças em vez de abraçar as semelhanças que há entre elas.

O guia continuou.

– A Terra atingiu um ponto em que está necessitando de alimento espiritual. Mas as antigas fórmulas não preenchem o vazio na mente humana. Os antigos provérbios não aquietam seus medos e incertezas. As antigas pregações e discursos não dão mais conforto ao irrequieto e ansioso espírito humano. E, como sempre, mudanças não acontecem facilmente na esfera terrestre.

A biblioteca estava quieta. Jeff estava pensando nas palavras de seu guia.

Alguns minutos passaram e nenhum dos dois falou. Finalmente, Jeff rompeu o silêncio, fazendo uma pergunta:

– Esse negócio sobre a Aids é uma parte dessa tempestade de mudanças, não é?

– Usando uma outra expressão, meu amigo, ela está no centro dessa tempestade.

– Como? Por quê?

A curiosidade de Jeff tinha sido despertada e ele queria saber mais.

– Os preconceitos, medos e todas aquelas divisões sobre as quais tínhamos falado vão ser o centro das atenções por causa dessa doença. Pregadores falarão, em suas igrejas, que a Aids é uma punição de Deus, condenando todos aqueles que estão infectados. Vizinhos irão evitar vizinhos e famílias irão se desintegrar. Os infectados serão isolados por políticos oportunistas, os quais terão a ideia de colocá-los em campos de concentração, isolando-os do resto da sociedade.

– E você quer que eu morra dessa doença? Por quê? Para que isso vai servir?

– Sua morte não vai mudar nada. Mas sua vida vai, se você tomar as decisões certas ao longo do caminho.

Jeff pediu a seu guia para explicar melhor.

– A Aids não vai ser uma praga ou punição de Deus. A Aids vai ser um agente para forçar os seres humanos a verem um ao outro como eles realmente são. Essa doença vai ser chamada de "peste gay", porque no início irá infectar somente homossexuais masculinos. Mais tarde negros africanos irão contrair essa doença; depois, viciados em drogas, e assim por diante. O preconceito, o ódio e o medo serão unidos em uma única palavra: Aids. Todos aqueles que forem infectados morrerão. Os pesquisadores não encontrarão uma cura rápida e não haverá um tratamento fácil.

– Parece-se com a peste negra.

– A Aids vai ser diferente. Muito diferente. A peste negra foi uma epidemia rápida que não se alastrou tanto, mas a Aids vai ser um abandono lento e público da vida. E, agora, nós chegamos a você, meu amigo. Eu gostaria que você embarcasse na seguinte missão: viva sua vida como um homossexual masculino, seja infectado por essa doença, e tenha uma morte bem pública. Com os talentos que adquiriu, você pode ser parte do plano divino e da razão para essa doença. Viva sua vida com dignidade e passe essa dignidade para o povo. Acorde suas almas para que se libertem das correntes que as prendem. Ajude-os a superar as diferenças que os dividem.

– Parece ser difícil, mas importante. Sei que tive uma missão parecida em minha última encarnação como Peter. Eu não tive sucesso então, e não havia essa história de ser gay para lidar. Contudo, acho que mereço isso. Estraguei tudo da última vez e acabei pegando o caminho mais fácil.

Irritado, o guia respondeu:

– Você não aprendeu nada aqui? Nós não somos seu juiz e júri. Concordo que você não cumpriu a promessa de sua última encarnação. Enganou a si mesmo e outros que precisavam de uma luz para chegar à verdade. Mas saiba que essa "história de ser gay", como você diz, é irrelevante. Essa doença não é sua punição. Por favor, não coloque tanta importância em você mesmo.

Jeff abaixou a cabeça. Ele sabia que seu guia estava certo. Da última vez, sua missão era a de ensinar e trazer luz para vidas comuns. Ele deveria escrever sobre a humanidade, espiritualidade e irmandade. Em vez disso, escreveu comédias de televisão e rádio que satirizavam as vidas comuns as quais ele deveria ter enriquecido.

– Você está certo. Sinto muito – ele suspirou. – Sei o que deveria ter feito. As escolhas eram claras. Meu espírito vai crescer a partir dos testes que essa nova encarnação oferecer. Eu sempre fiz discursos bonitos deste lado, e minhas intenções sempre foram as melhores. Mas, uma vez que entrava em um corpo, sempre pegava os caminhos mais fáceis. Eu rezava para não falhar, mas fazia tudo de novo. Bem, vamos continuar.

Jeff estava pronto para "elaborar o contrato" de sua próxima encarnação. Isso é um ajuste entre o carma e o darma da alma e Deus. O contrato precisa estar em sintonia com as vibrações do espírito, com as vibrações da esfera terrestre e com a vontade divina. Os três precisam estar em sintonia um com o outro, caso contrário a encarnação não ocorre. Todas as almas, antes de encarnar, precisam chegar a essa harmonia.

Nada, nem mesmo uma ave caindo do céu, pode ocorrer sem que isso seja parte do plano universal. A aprovação do contrato não ocorre por meio de uma mensagem entre escritórios. Ela simplesmente acontece, como aconteceu nesse caso.

O guia disse a Jeff que seu espírito estava em sintonia com essa missão e então explicou por quê.

– Primeiro, existe empatia. Você se desenvolveu a um ponto em que consegue, facilmente, simplificar o complicado. Você não é somente um comunicador, você também é um filtro e instrumento. Segundo, você não está somente em sintonia com o povo, você é o povo. Aprendeu as verdades mais preciosas: nós somos um espírito que pertence ao Criador.

Jeff respondeu que aqueles que estão em contato com os pensamentos, desejos e necessidades do povo são chamados de demagogos. Em sua última encarnação, ele foi chamado de aproveitador barato porque escrevia comédias que faziam as pessoas rir.

– A Terra está cheia de contradições, assim como está cheia de vibrações conflitantes. Sim, é verdade que em sua última encarnação você, às vezes, agiu de um modo interesseiro para agradar a todos. Sua nova missão é apelar para a alma deles.

– Então me diga: o que devo fazer?

– Ao contrário da crença popular, nós somos os guardiões de nossos irmãos, meu amigo. Quanto mais rápido outros espíritos se desenvolvem, mais rápido todos nós nos desenvolvemos. A esfera terrestre está mudando e algumas almas terrestres estão paradas. Elas continuam reencarnando porque não conseguem aprender uma lição simples: todos nós somos espíritos divinos compartilhando do mesmo Criador e com um mesmo destino. Você tem talento, luz e habilidade para alcançar alguns deles. A vibração terrestre é densa e as palavras por si sós não podem atravessar o ódio, os medos e os preconceitos. A Terra está pronta para aprender sobre irmandade, amor e unidade com a Criação. Você não pode só escrever sobre essas verdades, você precisa vivê-las. E o sofrimento público com a Aids irá ajudar a chamar a atenção dos outros para você e sua humanidade. Por meio de suas palavras, obras e ações, você poderá brilhar através do muro negro do preconceito e ensinar uma lição sobre a unidade de todas as almas.

Jeff citou exemplos de pessoas que tentaram viver por meio de tais palavras e acabaram sendo ridicularizadas ou mortas.

– Você já ouviu falar de Jesus, eu suponho? – brincou ele. Seu guia respondeu sarcasticamente, dizendo que conhecia Jesus e que até o havia encontrado algumas vezes. E continuou.

– Mais uma vez, não seja tão convencido. Você não vai viver a vida de um mártir. Você vai ser um escritor homossexual derrubado por uma doença que mata o próprio corpo. Você irá escolher como viverá sua vida. Poderá escolher entre lamentar atrás de uma porta fechada ou enfrentar abertamente a intolerância, o preconceito e o medo. Você poderá viver com a Aids em público, onde todos possam ver seu sofrimento, ou você pode se esconder e ter uma morte sem sentido. Você pode compartilhar seus medos e contar às pessoas sobre seus sonhos que acabaram e que nunca mais serão realizados. Você pode fazer isso, de modo que outros possam ver a humanidade deles refletida em você. Ou você pode gastar sua vida inutilmente, morrer e voltar aqui.

Mais uma vez, Jeff rezou para que pudesse ter coragem. Seu guia lembrou-lhe, novamente, de que somente ele mesmo poderia superar as fraquezas de seu espírito. Ele disse também que Jeff falhara por causa da falta de coragem e fé.

– Você sempre foi pelo caminho mais fácil porque tinha medo de ser diferente, sem sucesso e ridicularizado. Agora, sua missão envolverá não somente o avanço da humanidade, mas também o avanço de sua alma. Uma missão completa a outra. Esse é o modo que a vida, no plano terrestre, deveria seguir.

O guia falou ainda sobre o destino e sobre como Jeff, ou qualquer outro espírito, poderia mudar isso.

– Nascer gay – disse seu guia – é o destino desta sua encarnação. Morrer de Aids é seu destino também. O resto, meu amigo, depende de você.

Borunda Ni Não Existe Mais

Chega um tempo em que o espírito sabe que precisa progredir. Esse momento tinha chegado para Borunda Ni.

Seus dois guias lhe disseram que suas vibrações tinham alcançado um nível no qual uma nova encarnação na Terra não seria mais necessária. Contudo, Borunda Ni foi inflexível: a Terra era exatamente para onde ele queria ir.

– Aprendi muito na Terra. Tenho certeza de que possuo muito mais conhecimento do que antes. E agora, mais do que nunca, sei que preciso ajudar outros a progredir em seu caminho. Isso é o que desejo fazer.

Os dois guias lhe disseram que ficando aqui ele poderia também ajudar a humanidade.

– Afinal de contas, é exatamente isso que estamos fazendo, ajudando e nutrindo você e outros espíritos nessa caminhada. Se quer ajudar, pode fazer isso aqui.

Borunda foi insistente, e seus olhos brilharam demonstrando confiança.

– Meu lugar não é aqui, pelo menos agora. Eu pertenço àquele lado, à Terra, eu me sinto atraído para lá. Não por causa da vibração da Terra, felizmente eu estou livre disso agora. Mas a Terra é uma grande escola, com muitos de seus estudantes repetindo ano após ano. Minha escolha é a de ajudar esses espíritos a aprender suas lições e é por isso que preciso voltar. Esse é meu desejo.

– O que você tem em mente? – perguntou o mais jovem de seus dois guias.

– Aprendi que, para um espírito evoluir, precisa ser forte o suficiente para tomar decisões. Nossa evolução começa quando exercemos nossa habilidade de escolha. Mesmo que nossas escolhas estejam erradas, precisamos aceitar suas consequências. Isso é responsabilidade. Muitos espíritos não aprenderam isso, seguem as verdades dos outros em vez de buscarem a sua própria.

Borunda continuou e falou sobre as necessidades de sua própria alma.

– Durante minhas outras vidas, nunca fui verdadeiramente forçado a fazer uma escolha. Eu gostaria de ser tentado e de tentar. Aprendi que o espírito de Cristo, quando estava na Terra, foi tentado pelo mal. Jesus superou a tentação mostrando-nos a força e o poder que brilham em cada um. Quero testar meu conhecimento e minha consciência contra as tentações na Terra. Se não fizer isso, esse conhecimento e essa consciência serão inúteis.

Ele disse a seus guias que estudou os locais da Terra, procurando por uma situação em que pudesse testar sua alma, e encontrou o lugar.

Era no oeste dos Estados Unidos. Ele descreveu o cenário onde ele achava que poderia ajudar outros a cumprir sua missão e ao mesmo tempo confrontar sua alma com as intolerâncias da Terra.

– Há ainda um espírito deste lado que está querendo encarnar na esfera terrestre. O espírito do qual estou falando tem uma grande luz e sabedoria. Contudo, ele é fraco. Esse espírito está sendo conduzido para aceitar uma missão difícil e problemática: uma missão que ele precisa cumprir não apenas para seu próprio engrandecimento, mas também para o engrandecimento e progresso da vibração de toda a Terra.

O discurso de Borunda produziu as vibrações de sua futura encarnação. Um homem jovem apareceu e ele estava lutando consigo mesmo tentando fazer uma escolha.

Esse jovem poderia ajudar outros a encontrar seu caminho através de trilhas ocultas da Terra, mas teria de encontrar a força e a fé para ouvir os apelos de sua alma.

O jovem foi criado por um pai severo e Borunda sabia que todos nessa família teriam de fazer suas próprias escolhas também. O pai teria de escolher seu próprio filho ou seus preconceitos e crenças. A escolha da mãe seria o filho ou o marido.

– Eu posso ver através dos relacionamentos cármicos: um jovem é dado a esses pais. O pai ama o filho, mas apaixonadamente odeia o que o filho é. O filho precisa escolher entre ser o que é ou o que o pai deseja que ele seja. Depois há a mãe, que pode separar ou reunir essa família. Eu preciso ser ela. Eu posso ajudar ou posso destruir. Esse é o derradeiro teste de uma alma. Vou nascer em uma sociedade rígida, tradicional e intolerante. Vou crescer como uma mulher nessa sociedade. Minha leitura será a Bíblia, com seus pecados e suas proibições. Vou então casar com um homem que rezará com fervor e acreditará piamente na Bíblia. E, muito submissa, eu lhe darei um filho. E aí então é que começará a disputa.

Seus guias ficaram satisfeitos.

– Peça permissão para esse passo que você escolheu, Borunda Ni, e se for concedido peça a graça do Criador para acompanhar você. Como sempre, nós também estaremos com você. Seremos as vozes que você ouvirá dentro da alma. Elas serão sua força e sua fé.

A permissão foi dada e Borunda Ni deixou de existir. Ele se tornou um espírito à espera. À espera de nascer de novo. Nascer da água e do espírito.

Ernst e Clara

Ernst continuou a contar sobre sua história na floresta e de sua jornada com Kim Songh.

– Ela tomou as rédeas da situação, depois de, por uma eternidade, eu haver tentado e falhado em encontrar uma saída por aquelas árvores infernais. Ela achava que era mais importante nós entendermos por que estávamos naquela floresta do que acharmos essa saída. Eu estava zangado, e não podia admitir que uma mulher humilde estivesse certa. Mas, lá no fundo, eu sabia que ela estava.

Na floresta, Kim Songh conduziu Ernst em direção a um aglomerado de árvores que pareciam como qualquer outro tipo de árvore que eles já tinham visto. Ernst me disse que já estava cheio de tudo: das árvores, da luz incessante que brilhava por entre o topo delas.

– Vamos descansar – disse Kim Songh.

– Droga, eu ouvi você. Caminhamos por essas árvores, e agora você quer sentar e descansar. Nada disso faz qualquer sentido. Caminhar de uma árvore para outra, sentar e descansar e depois andar outra vez. Mulher, acho que você está louca.

Kim Songh sorriu e respondeu à explosão de Ernst:

– Nós tentamos de seu jeito, correndo de um lado para o outro à procura da saída. Mas não existe saída, e não compete a nós decidirmos quando vamos sair daqui. Você ainda não entendeu isso? Por favor, tente relembrar o que havíamos combinado.

Ernst estava cansado, frustrado e com raiva. Ele sabia que tinha perdido o controle da situação e se odiava por isso. Mas, como não tinha resposta, o melhor era desistir.

– Está bem, mulher, não existe saída. Por favor, diga-me então: você finalmente descobriu por que estamos aqui e por que fui sentenciado a passar a eternidade com você? Se você sabe a razão, diga-me. Até agora, tudo que ouvi de você foram enigmas. É hora de você começar a dar as respostas.

King Songh concordou e sorriu. Finalmente, respondeu:

– Medo. Estamos aqui por causa de nossos medos. Isso foi o que trouxemos conosco. Você tirou a própria vida por medo. Você temeu pela vingança de suas vítimas. Eu também terminei com minha vida por medo. Eu estava com medo de viver, cansada de violência, da guerra, da solidão e do desespero. Portanto, desisti. Nós dois desistimos, e é por isso que estamos aqui juntos nesta floresta.

Ernst, agora pela primeira vez, estava realmente ouvindo-a.

– Continue – foi tudo que ele disse.

Ela continuou.

– Na Terra, nós, você e eu, vivemos em lugares e épocas diferentes. Éramos pessoas diferentes. Eu, fraca e usada. Você, forte e poderoso. Se eu tivesse vivido no tempo e no lugar onde você viveu, eu bem poderia ter sido uma de suas vítimas. Nada disso interessa agora. Estamos aqui por causa de nossos medos. Medo de justiça, ou medo de viver, no final tudo é a mesma coisa. Almas na Terra podem ficar paralisadas pelo medo: medo de perder um emprego, uma vida, uma pessoa querida ou uma fortuna material. O medo pode bloquear o desenvolvimento de uma alma, porque nos conduz a escolhas erradas.

Ernst disse que Kim Songh estava certa. E esclareceu:

– A única coisa que realmente tínhamos em comum eram nossos medos. Pensei nisso, sentado lá embaixo das árvores. Por causa do medo, eu aprendi a odiar, e por meio do medo regi a vida de milhões. Por causa do medo, chantageei amigos e destruí inimigos. Meu império foi construído com meus medos e pelos medos daqueles que me rodeavam. E ali estava eu naquela floresta, com medo de que não houvesse uma saída.

O tique-taque do metrônomo do tempo parou na floresta. Não havia um som, nenhuma brisa, somente a luz através das copas daquelas árvores imensuráveis.

– Kim Songh – disse Ernst suavemente. – Posso lhe fazer uma pergunta? A resposta é muito importante.

Ele a esperou concordar, e então com grande apreensão perguntou sobre os sentimentos dela a respeito dos soldados americanos que destruíram sua aldeia, mataram sua mãe e a estupraram.

– O que você faria se eles estivessem aqui agora, à sua frente? Você teria medo, revidaria ou os amaldiçoaria? E, acima de tudo, você tem ódio deles?

Ela olhou para Ernst por algum tempo antes de responder.

– Vou lhe responder começando a dizer que não tenho mais medo, Ernst. Eu não tenho medo. Os soldados não podem mais me causar danos. Se eu os odeio? Não. Não tenho motivos para isso. Eles são responsáveis por suas ações, assim como nós somos pelas nossas. Penso que fizeram o que fizeram porque também estavam com medo. Decidi deixar o medo e o ódio para trás. Não quero carregar os pesados fardos daquelas vibrações. Ernst, o ódio se transforma em medo, assim como o medo se transforma em ódio. Você teve medo, portanto odiou. Você odiou, portanto teve medo. É tempo de nós dois aprendermos que o medo divide, confunde e prejudica nosso espírito.

Kim Songh ficou observando a reação dele. Não houve nenhuma.

– Agora, posso eu lhe fazer uma pergunta, Ernst?

Ele hesitou antes de responder, mas depois disse:

– Acho que sei o que você vai perguntar, mas vá em frente.

– Se alguma de suas vítimas estivesse aqui à sua frente, o que você diria a ela? O que diria para esse esqueleto de pele e osso de um de seus campos de concentração?

Ernst me disse que ele vinha pensando nessa questão há muito tempo, bem antes de Kim Songh lhe fazer essa pergunta.

– Não sei. Uns tempos atrás eu teria tentado justificar meus atos. Eu me lembro de, pouco depois que passei para este lado, perder muito tempo fazendo justamente isso. Agora eu não saberia o que fazer. Um simples pedido de desculpas seria sem sentido. Eu fiz o que fiz porque fiz o que fiz, e lentamente estou aprendendo que preciso fazer reparações pelas decisões que tomei. Eu queria tanto ser parte dessa luz que constantemente brilha, mas sei que ainda não estou pronto. Neste momento, só posso sentir o formigamento de seus raios quando eles aquecem o frio de minha alma. Preciso encontrar meu caminho. Sinto que precisamos de ajuda para encontrar a saída desse pesadelo que é essa floresta solitária e interminável.

Ernst disse que sabia que a hora de encarar seu passado havia chegado. Ele jamais poderia ser uma parte dessa luz se não fizesse isso. Sabia que as escolhas feitas na Alemanha causaram incontáveis sofrimentos, dor e morte. Ele sabia que havia sido a causa e teria de colher os resultados.

Naquele momento, Ernst testemunhou uma tremenda transformação em Kim Songh. Um arco-íris de cores pulsou através dela, e surgiu um caleidoscópio sincronizado de brancos, azuis, vermelhos, verdes, dourados e violetas como nunca Ernst tinha visto antes. E, através desse redemoinho de cores, ele pode vê-la sorrindo, até que finalmente ela foi envolvida por aquela espiral de cores. A mulher asiática, passiva, humilde e submissa se foi, e no lugar surgiu uma nova entidade, com uma energia forte e vibrante, que envolveu Ernst com sua luz.

– O que é isso? O que aconteceu com Kim Songh?– perguntou o ex-nazista, assustado.

– Eu ainda sou ela. Kim Songh era um personagem que assumi para poder alcançar você. Eu sou seu guia, seu professor, seu anjo e, acima de tudo, seu amigo. Estarei sempre com você.

As lágrimas escorreram por aquela face antes orgulhosa e arrogante. Seus olhos, quase cegos pela luz, tentavam focar a nova entidade.

– Qual é seu nome?

– Meu nome não importa. Você me conheceu como Kim Songh, pode continuar me chamando assim, ou pode me chamar do jeito que quiser, é tudo a mesma coisa. Que tal um dos nomes de uma das muitas de minhas vidas na Terra, o que eu gostava mais? Você pode me chamar de Clara.

O metrônomo tinha dado tique-taque muitas e muitas vezes quando Ernst me contou essa história. Ele ainda está aqui deste lado, não está pronto para uma outra encarnação.

Se ele não tivesse se suicidado, teria encarado suas vítimas.

Teria sido julgado, e seu julgamento teria servido para mostrar as consequências da tirania, a imoralidade do poder e o vício do ódio. As almas terrestres precisam de exemplos, a Terra precisa de marcos na estrada. Ernst negou na Terra a chance de ver o mal disfarçado na pele de cordeiro.

Se ele tivesse permanecido na Terra e enfrentado sua punição, não teria carregado com ele o medo do castigo. Seu medo teria sido deixado para trás, restando apenas a ele responder por suas atitudes. Deste lado não há punição, apenas as consequências de nossas atitudes. Ernst carregou o medo em sua vibração.

Mas, de qualquer forma, ele me contou o que aconteceu quando Clara deixou a "floresta".

Ela explicou que estaria sempre ali com ele, mas havia chegado a hora de ir embora. E finalizou:

– Você precisa responder às suas próprias perguntas, Ernst. Eu estarei sempre por perto, mas você já tem uma dose suficiente de perspicácia e consciência para olhar dentro de si mesmo.

Ele me disse que implorou para que ela ficasse. Estava com medo.

Sua luz brilhou ainda mais, quando Clara com sua voz suave e reconfortante inundou inteiramente seu ser.

– Isso é o que eu sou, Ernst. Isso é o que todos nós somos, inclusive você. Nós somos espírito, uma parte do todo. Assim eram aqueles que você temeu e odiou. Nós somos todos iguais. Fique aqui e abandone seus ódios e seus medos. Está na hora de eu ir, mas estarei sempre aqui. Não posso ir muito além antes que você também vá. Somos todos parte do Criador, e as partes não se juntarão ao todo até que tudo esteja pronto. Você, eu, suas vítimas, os anjos, os demônios, os conquistadores e os conquistados. Os ricos, os pobres, os inteligentes e os menos dotados. Nós somos todos iguais. Em uma encarnação, podemos ser os poderosos; em outra, poderemos ser os oprimidos. O ciclo não acaba nunca, é por isso que somos um só e iguais. Não esqueça isso, Ernst.

Clara partiu, e ele ficou sozinho.

Ficando só, ele murchou. Sentiu-se completamente vazio. Restaram apenas seus medos, suas memórias e sua solidão. Passou um longo tempo afastado e solitário, e finalmente desesperado ele chamou pelo espírito de Cristo.

Dessa vez, ele veio. Assim como Clara. Quando Ernst chegou aqui pela primeira vez, ele esperava um coro de valquírias para saudá-lo. Agora ele estava abraçado pela luz do amor do filho de um carpinteiro e por seu anjo da guarda: uma viúva italiana da cidade de Jessup, na Pensilvânia.

Ernst foi levado da floresta. Com a lição aprendida, o tempo para curar sua alma tinha chegado. Essa cura levaria tempo, mas ela viria. Seu espírito precisa progredir, harmonizar-se com o todo. Essa é a verdade e a ordem da vida.

Isso servia também para as vítimas do Holocausto, cujas almas igualmente precisam curar-se e aprender o que é o perdão.

O ódio, assim como o medo, não tem lugar no nível mais alto de nosso Universo.

Jeffrey Retorna

O tempo de Jeffrey aqui tinha acabado. Muito em breve, ele entraria no útero de sua mãe terrestre e nasceria em seguida.

Enquanto a vibração de Jeffrey se ajustava à Terra, seu guia estava com ele, assim como estaria ao longo de toda a sua estada terrestre. Com uma voz suave e calma, o guia disse:

– Essa encarnação será de grande sofrimento e provação. Você está em uma missão, e a maioria das encarnações missionárias transbordam de dor e sacrifício. Prepare-se, então. O caminho que você escolheu é longo e difícil. Mas você conhece suas fraquezas, assim como conhece seus poderes. Use esses poderes para iluminar o caminho que você escolheu. Peça orientação, e o caminho será iluminado para você.

Ele sorriu. Sabia do que seu guia estava falando. Jeff era um espírito de conhecimento e perspicácia; mas era também um espírito fraco. Seu espírito desistia facilmente, rendendo-se ao prazer, ao conforto e à popularidade.

Como se estivesse lendo os pensamentos de Jeff, o guia falou suavemente:

– E em breve você nascerá um homem homossexual em uma família americana conservadora e religiosa. Seus próprios pais talvez o rejeitem, você mesmo talvez não se aceite. Será uma provação não só para eles, mas também para você.

Ele sabia que iria morrer de uma doença terrível. O vírus iria dolorosa e implacavelmente destruir seu corpo. Mas isso não faria diferença para ele. Jeff sabia que o corpo de carne era meramente uma concha onde o espírito vivia. Ciente da própria fraqueza, ele pedia pela força que iria precisar para vencer. Força, não para suplantar a dor física, mas para resistir aos sofrimentos emocionais que teria de suportar.

Ele conhecia sua missão: morrer de um vírus chamado Aids, para tocar aqueles que não o aceitavam e ensinar por meio de sua morte que ele não era diferente de nenhuma outra pessoa.

– Tenho o talento para alcançar minha meta – disse ele para si mesmo. – Por meio de minha vida e de minha morte, serei uma voz que se erguerá e tocará a divindade que vibra em cada pessoa.

Aquele que em breve seria Jeff sabia que seria um entre milhões que morreriam de Aids. Mas ele também sabia que poderia tornar-se um dos poucos a chamar a atenção do mundo para o verdadeiro sentido da vida, graças à sua morte. Se ele conseguisse, teria realizado sua missão, vencido suas fraquezas que haviam causado seu fracasso no passado.

Todas as peças do mosaico se encaixaram no lugar. Um espírito que no passado fracassou por fraqueza morreria por isso. Não porque sua homossexualidade fosse um pecado ou uma abominação diante de Deus, mas porque sua morte fazia parte de um plano divino.

O mosaico estava completo agora: um espírito avançado encarnando para ensinar à humanidade uma lição de fraternidade. Se aqueles na esfera terrestre aprendessem com ele, eles avançariam, a humanidade progrediria e sua missão estaria cumprida.

Assim que o espírito se ajustou à vibração da Terra, Jeff viu sua encarnação diante dele. Nascendo como um bebê, ele seria chamado de Jeff por seus pais e lentamente, normalmente, iria se transformar em um rapaz. E, no tempo prescrito, se tornaria um homem.

Então o homem morreria, relegando o espírito de volta a esta vibração. O plano estava traçado. Ele, por meio de suas escolhas, iria determinar o resultado. Jeff poderia renegar sua homossexualidade para si mesmo e para seus pais, assim privando sua mãe e seu pai de terem a chance de fazer suas próprias escolhas, vencendo os preconceitos. Ele poderia escolher não tornar pública sua doença, e assim negar seu testemunho a milhões de almas terrestres que teriam a chance de se desenvolver. Ele poderia divulgar, dramatizar sua vida, e assim milhões poderiam ser tocados, ou ele poderia morrer de forma lenta e anônima.

Agora, momentos antes de sua alma deslizar para dentro do embrião que se formava, ele tinha conhecimento de suas responsabilidades. Ele estava nascendo nessa específica família não apenas para ser testado, mas para testar também. Ele seria talvez o pivô que forçaria sua mãe a fazer uma escolha entre sua própria moralidade, seu marido e seu querido filho.

Ele seria uma provação para o pai, um homem intolerante e fanático. Continuaria ele a amar um filho que escolhera para si mesmo uma vida sexual proibida e tida como depravada?

Ele seria um teste para milhões de almas. Poderiam eles colocar seus próprios ódios e preconceitos de lado e ser mais humanitários? Enxergar a humanidade como um todo?

E, acima de tudo, isso estava à provação pessoal do próprio Jeff. Se ele não pudesse superar sua própria vergonha, suas próprias fraquezas e a própria rejeição de si mesmo, nada disso iria acontecer.

A maior prova era para ele. Ele precisava compensar o talento perdido no passado. Se não conseguisse isso, sua morte e até mesmo seu nascimento não teriam razão de ser. Suavemente ele deslizou desta dimensão para a de vocês.

Ele era Jeff e o seria pelos próximos 43 anos terrestres.

Adeus

O tique-taque do metrônomo continua na Terra e por toda a Criação. Dia e noite, em cada momento de nossas vidas, o metrônomo nunca perde suas batidas ou seu ritmo. Tempo e espaço ocupam um segundo lugar em seu interminável e incessante tique-taque. Nossas vidas continuam, nossas vidas mudam, mas nossas vidas nunca terminam.

Clara ficou deste lado. Ela se tornou uma luz, esperando no portão. Na Terra, ela nunca recebeu amor, porque também nunca deu. Ela não sabia como fazer isso. Aqui, Clara está preenchendo esse vazio em sua alma e está ajudando Ernst a encontrar seu caminho pelo vazio negro de sua própria alma.

Ernst era um monstro? Alguns de vocês dirão que sim, mas, como você, ele é um espírito. Nós, como ele, somos parte de uma mesma criação. O todo não pode ser um todo de novo até que todas as partes se ajustem. Ele irá encontrar o amor, o perdão, a compaixão e a ajuda de que precisa. Ele irá encontrar a sabedoria de sua salvação. Está procurando por isso e Clara está ajudando. Mas lembre-se: ele é uma parte de nós, assim como nós somos uma parte dele. Pense nisso por um momento.

E Jeff, o que lhe aconteceu? Ele realizou tudo que havia planejado?

Eu poderia olhar para o futuro na Terra e garantir que ele realizou sim. Mas prefiro que vocês julguem por si mesmos. Ele está entre vocês agora.

Borunda? Essa alma gentil nutriu seu filho e confortou seu marido. Os dois fizeram uma escolha: amar o filho deles.

Maryanne? Onde está essa pobre e esquecida criança do bairro negro? Ela chegou aqui confusa, perdida e com raiva: cheia de perguntas e dúvidas. De certa forma, Maryanne foi você. Ela se transportou para uma vibração maior, assim como espero que tenha acontecido com você. Lembra como no começo ela não achava nenhum sentido na vida? Agora ela vê isso por uma nova luz. Talvez você fosse como ela, quando começou a ler este livro. Sentia-se confuso, temeroso e subjugado por sua própria condição. Talvez você tenha tentado se ordenar e dar um sentido à sua vida.

E, agora que você acabou de ler estas páginas, espero que, como Maryanne, tenha aprendido a encarar a vida e a se preparar para vencer seus desafios. Só existe um denominador comum na Terra. É a morte! Mas a morte significa uma outra vida, cheia de possibilidades e de novas escolhas.

Pense nisso. Todo mundo que você conhece morrerá: você, seus filhos, seus pais, seus amigos e inimigos. Todos. Portanto, não tema a trilha da morte. Você nascerá outra vez.

Espero que essas histórias tenham ajudado você a caminhar por essa trilha. Lembre-se: todas as vidas têm uma razão de ser. Especialmente a sua.

Que Deus o abençoe!

Fim

Impressão Neo Graf